走进书中，聆听她们的故事

踏千山万水，
　拥星辰日月

三毛 传

朱云乔 著

万卷出版有限责任公司
VOLUMES PUBLISHING COMPANY

图书在版编目（CIP）数据

踏千山万水，拥星辰日月：三毛传 / 朱云乔著. -- 沈阳：万卷出版有限责任公司，2025.1
ISBN 978-7-5470-6525-9

Ⅰ.①踏… Ⅱ.①朱… Ⅲ.①三毛（1943-1991）—传记 Ⅳ.①K825.6

中国国家版本馆CIP数据核字（2024）第089769号

出 品 人：王维良
出版发行：万卷出版有限责任公司
　　　　　（地址：沈阳市和平区十一纬路29号　邮编：110003）
印 刷 者：辽宁新华印务有限公司
经 销 者：全国新华书店
幅面尺寸：145mm×210mm
字　　数：155千字
印　　张：7.75
出版时间：2025年1月第1版
印刷时间：2025年1月第1次印刷
责任编辑：朱婷婷
责任校对：张　莹
装帧设计：马婧莎
ISBN 978-7-5470-6525-9
定　　价：39.80元
联系电话：024-23284090
传　　真：024-23284448

常年法律顾问：王　伟　版权所有　侵权必究　举报电话：024-23284090
如有印装质量问题，请与印刷厂联系。联系电话：024-31255233

"那时我们有梦，关于文学，关于爱情，关于穿越世界的旅行。如今我们深夜饮酒，杯子碰到一起，都是梦破碎的声音。"

对许多人来说，"梦想"是一个缥缈的词语，世事变迁，时光老去，许多最初的执着都在琐碎的世事中消散。让梦想照进现实，并不容易。所以，当三毛放下滚滚红尘的牵绊，走进漫天飞沙的撒哈拉时，许多人被这个执着追梦的女子深深地迷上了。

岁月更迭，她的一切，却并未被时光尘封，而是以一种静默的方式，穿透时光，投射到我们柔软的内心。

如今，人们为着各自的理由，深爱着、追逐着她。她纯澈如水的文字，她曲折有味的追梦人生，她如童话般的爱情……而无论你爱她何处，你都应笃信，爱她是值得的。

本书将以纯净的笔墨，为你细细描摹三毛自由不羁的人生。她来到这世界上的四十余年，短暂却璀璨。她深深地爱着这个世界，你也深深地爱着她。这样一种浓重的情感，让这一场红尘的缘分有了非凡的意义。所以，当你在某个宁静的时刻翻开书页，重温她的一切，便是对她最好的怀念。

序言

有人说，这世上只有一种成功，就是用自己喜欢的方式过一生。

为了诠释这句话，一个拥有不羁灵魂的女子带着她的行囊，自漫天的黄沙中走来。

她是荒漠海洋中微笑跋涉的骆驼，长发飞扬，衣袂飘飘，眼神如孩童一样纯净，又有坚不可摧的果敢。

她是三毛，一个特立独行的女人。

她带着滚滚红尘中的爱与痴，循着远方的呼唤，走向天涯海角。梦境过处，皆是生命寂美的炫舞。

她与荷西的旷世绝恋，以岁月为墨，挥洒出张扬与热烈。漫天黄沙的洗礼中，他们的灵魂在狂奔，踏出了生命最原初的快乐。

在那些不易被察觉的生命角落,他们拾起被常常丢弃的平淡幸福。

直到天人相隔,生死诀别。

她的一生,体验过极致浪漫,也堕入过极致痛苦。她不断燃烧,不断行走,保持着灵魂最自由的样子。

她说,真正的快乐,不是狂喜,亦不是苦痛,它是细水长流,碧海无波,在芸芸众生里做一个普通人,享受生命刹那的喜悦,那么即使不死,也在天堂里了。

她的率性,一部分飞扬在文字里,一部分绽放在生活里。

万水千山走遍,唯有初心不改。

目录

序言　　　　　　　　　　　　2

**第一章
人间惊鸿，为爱而生**

　　朝阳为谁升起　　　　　　003
　　记得当时年纪小　　　　　　008
　　心有诗意，岁月不老　　　　011
　　乡愁是心上下的雨　　　　　015

**第二章
清澈如许，不负朝夕**

　　拾荒梦　　　　　　　　　　021
　　向微光跋涉　　　　　　　　026
　　春日阳光正好　　　　　　　030
　　无声世界的守候　　　　　　036
　　囚鸟　　　　　　　　　　　043
　　山谷里的回声　　　　　　　048

第三章
生有热烈，藏于俗常

心动毕加索	055
青春的红舞鞋	060
有幸相知，无幸相守	065
另一场繁华	072

第四章
与你同行，不介路远

西班牙的东方公主	079
几度风雨飘摇	084
亲爱的大胡子	089
那就爱吧	095

第五章
坦荡生活，肆意去爱

长路落满了光	101
眉挑烟火	107
让我们成为我们	117
愿有远方可奔赴	128

第六章
山水一程，再不相逢

告别撒哈拉	137

万事皆可期待	144
重启生活	151
美丽的陷落	161
死亡之岛	169
一别，永不相见	176

第七章
漫天星光，流离失所

梦中的橄榄树	185
心碎未亡人	191
独揽萤火，照亮孤独	198

第八章
滚滚红尘，阡陌一梦

写在异乡的异客	207
来生做春风	216
归彼荒漠	226

后记   232

第一章

人间惊鸿,为爱而生

一见钟情需要什么理由?
第一眼便爱上了,
仿佛前生的约定,
只要一眼便可以认出。

朝阳为谁升起

一个叫三毛的放荡不羁的女子，以自由的脚步，丈量过她的梦想。于是，她的人生、她的故事，成了所有人的向往。

历史真实地刻录着时光里的故事，而回忆却为故事填充了不一样的美丽色彩。一切的浮华消融为虚无，一切的沉淀升华为更宽广的未来。有渴望与怀念，还有回不去的遗憾。幸而，文字是一种伟大的艺术，可以描摹那些故事里的深沉情感；幸而，她的时代并不遥远，留下了珍贵的光影纪念。所以在文字间，在她的黑白照片里，那些爱她的人们会感受到往事的温度。

1945年，战争的硝烟像一张巨大的幕布，包裹着人们的生活。此时的中国，正经历着那一场沉痛而漫长的抗战。

嘉陵江畔的重庆，是中国西南地区的一座名城。然而，来自东瀛的炮火打破了这座城市的宁静。在抗战中，由于重庆的特殊战略地位，使得这里浓缩成了一个大舞台。形形色色的人物聚集到重庆，粉墨登场。军人、政客、流亡者、商人，还有一群知识分子，其中就包括三毛的父亲陈嗣庆。

陈家是书香世家，陈嗣庆于苏州东吴大学法律系毕业后，在上海以教书为业；而三毛的母亲缪兰也曾做过小学教师，在学校时还曾参加过抗日救亡协会。在与陈嗣庆结百年之好后便在家做起了贤妻良母，退居到幕后。抗战爆发后，三毛父母便移居到了重庆黄桷垭，父亲仍以教书为业。战乱中的黄桷垭相对安宁，这也是战争年月最可贵的恩赐。

初春三月，春阳灿烂，胜利的号角还未奏响，大地依旧笼罩着灰暗的色彩，一个朦胧混乱的时代为三毛的出生泅染出黯淡灰蒙的背景。在一个平凡的日子里，她来到这个世界，开始勾画她的传奇人生。

1943年3月26日（农历二月二十一），在山城重庆的九龙坡区，一声婴儿的啼哭划破了天际，谁都不曾想到，她的出生不仅是陈家的荣耀，更将给整个世界带来一份大礼。陈父为自己的宝贝女儿取了名字——陈懋平，"懋"是家谱上的排行，"平"则表达了父亲心中的寄望，渴望和平赶快到来，也渴望自己的孩子能平平安安。

但复杂的"懋"字让三毛写起来着实感到费力，所以自从她会写字时开始，就常常会把自己名字中间的字跳过。甚至还会将"陈"字的左右部首调换掉。这个不谙世事的娃娃，在三岁就开始这样自作主张地给自己改了名字。她那清澈明亮的大眼睛中，闪烁着的是对未知世界无尽的好奇。从"陈懋平"到"陈平"，再到后来她又给自己取的英文名ECHO，三毛的一生都是张扬着这样的不羁和自由；至于后来成了三毛，那更是源于书本上的一次美丽邂逅。在家中排行老二的她还常常喜欢家人叫她"三小姐"，在她的心中，"三"似乎有着特别的含义。

三毛从小就是个特别的孩子，她的父亲陈嗣庆曾在《我家老二——三小姐》中，记录了许多三毛幼年时的故事。

三毛从小性格冷淡，两三岁本应是天真烂漫与人欢笑玩耍的年纪，可三毛却不爱与其他孩子玩耍，常常与孤独为伴。这样一种独特的个性似乎为这位天才少女未来的传奇之路埋下了伏笔。

在离家不远处，有一座坟场。坟场里阴风阵阵，荒草丛生，充斥着死寂。别的孩子不敢靠近，而这里却成了三毛的钟爱之地。她常常会沉浸在另外一个独立自由的世界，在寂静的时空里，寻找着独属自己的快乐。

彼生与此生究竟交结着何种渊源？在亡灵的世界里，却渗透着一种对生命的敬畏和尊重。在那小小的年纪里，三毛便有着一颗对生死无畏的心。

每年过节杀羊的时候，其他孩子可能因为恐惧而生得三分敬畏，三毛不但不怕反而会颇感兴趣，并将这过程不动声色地从头看到尾，像是在一旁细细地观察着一刀一刀的雕刻艺术。

那些常人以为残酷的景象，在她的眼里却是另一番味道，她自有她独立的眼光。

住在重庆的时候，当时每家大水缸都埋在厨房地里，在大人的讹传中，那口大缸变成了神话中张牙舞爪的异物，小孩子是轻易不敢接近的。可是对于三毛来说，这种"恐吓"反而撩拨起她的兴趣来。

有一天，大人正在吃饭，突然听见外面传来叭叭的打水声。等到父母冲到水缸边去才发现三毛头朝下、脚在水面上，拼命打着水。在又深又大的水缸里，三毛竟然会想到用双手撑住缸底，以便脚可以伸到水上面打到水。当家人慌张地把她提着拉出来时，她不但不哭，反而镇静地说一句："感谢耶稣基督。"说罢，一口水轻轻地吐了出来。

之后，还有一次意外发生。接连不断的意外伴随着的是接连不断的幸运。三毛骑脚踏车不当心掉进了一口废井里，当她靠着自己的力量从废井里爬出来之后，虽然两个膝盖磕得白骨外露，她竟然还微笑着说，烂肉裹着一层油的脂肪很好看。

在她的人生解读中，生活里，到处都有美的存在。

她是个有着强烈个性和独特思想的女孩儿，她能够把那些枯燥的生活用一双善于发现美的眼睛变成最美的色彩。三毛的妈妈在回忆女儿的童年时说过："三毛，不足月的孩子，从小便显得精灵、倔强、任性。话虽不多却喜欢发问。喜欢书本、农作物，不爱洋娃娃、新衣裳。可以不哭不闹，默默独处。不允许同伴捏蚂蚁,她问:是不是很痛苦?"

三毛似乎对世界上的事一点儿都不感到吃惊,只觉得一切都是那么自然而合理。这样的心态,也让她无惧战争的恐怖。

幼时的三毛,虽然有着许多超乎常人的特质,但她仍是一个孩子,一个天真善良的孩子。为了收藏更多酷爱的糖纸而偷了母亲卧室里的五块钱,可是当时这笔的"巨款"一直折磨着她的小小心灵,握在手中那一张纸币被汗液湿湿地裹着,实在熬不过内心的挣扎,三毛又悄悄地把钱放了回去。她还有属于她自己的小小良心和原则不愿意去打破。

作为一个典型的 B 型血女孩儿,三毛是敏感的,也是骄傲的。生性随意自然,这个快乐的天使却也很容易一脚踏入泥泞的阴云中无法自拔。就像她爱看雨,却也喜欢明媚的太阳。这种矛盾,让她感受更多的快乐,也在她心中浸染着一股淡淡的哀愁。

虽然生在典型知识分子家庭,却有着和父母截然相反的性格,她更加像她的祖父。就如同《乱世佳人》里的男主角白瑞德·巴特勒,生在温文尔雅的家教极严的家中,却像极了曾经当过海盗的祖父。祖父的卓越和伟岸,在三毛的心中留下了深刻的印象。

三毛从小便与众不同,插着自由的翅膀,无人能束缚她的灵魂。凭借着一腔热血,坚强地活着,就如同战火中坚强怒放的蔷薇,那样明艳夺目,给了世人最美的惊艳色彩。

记得当时年纪小

人的精神,像一棵树,深深地扎根于脚下的土地。于是,每当迈动脚步,走向他方,一缕乡愁会萦绕在灵魂中,缠绕着心中的梦。

战争年月,炮火相摧,人们为了生存,不得不远离家乡,打包乡愁,走向异乡。自懂事起,三毛就开始随着父母奔波。虽然出生在重庆,但又去了南京,后来又辗转从上海去了台湾。一路的颠沛流离,一路的辛酸悲苦,在三毛的心底刻下了最初"流浪"的烙印。

战火下的记忆多多少少留在了往昔的时光之中。若不是因为乱世,也不会有这不尽的辗转与日后思念的不安。虽然逃难的经历三毛在后来极少提到,但是足可以想见在那个炮火连天的年代,一个未曾涉世的小姑娘紧紧地拉着母亲的手,一路辛苦地奔波。而途中她的目光所及，都是和她一样在战争中迁徙流亡的身影。

弗洛伊德说，一个人幼年的记忆会影响他以后的行为和生活，虽然他可能并不记得发生过什么，但那些记忆却都藏在他的潜意识中。对于三毛不知是否也一样，或许正是幼年逃难的经历，使得她变得比别人更易反抗现实。

随父母辗转的路上，只有比她大三岁的姐姐陈田心和她一同见证。在不谙世事的年纪离开故土，成长之地变为长久定居的台湾，或许对于某些善忘的孩子而言，又有什么乡愁呢？可是偏偏，这样一个孩子却是最"想家"的那一个。她有在南京的家的记忆，一个童年的玩伴，每天相伴的书，这一切都让她思念不已。

在南京的那段时光里，抗战已经胜利，人们奔走欢庆，洋溢着喜悦的心情，孩子们最是天真无邪，也更容易受这种情绪的打动。这种欢喜气氛之下的种种记忆，自然也被写进了三毛那段童年记忆里。

那时，三毛一家住在一幢有着前后院的西式大房子里，三毛记忆里的玩耍似乎总是与奔跑有联系：她挎着竹竿做的竹马围着大梧桐树奔跑着，在雪地里与堂哥打雪仗时因跑不及而吃了他一个雪弹，在后院被一只鹅追赶，等等。跑跑闹闹，笑声在雪地一浅一深的脚印里回荡。

她开心地笑着，品尝着快乐的蜜糖。院子里的黄绿色小花，像她的笑容一样绽放。这烂漫的童年，可以说是她一生中最为幸福的时光。因为单纯，所以不必负担任何悲伤。

每天清晨，鸟儿在梧桐树上欢鸣，奏出一曲悠扬乐章。这乐曲不经意间会飘到陈家二楼孩子们的书房里，成了她们读书时最美的背景音乐。三毛常常在这里度过一串串的美妙时光。

清新的空气，碧翠的梧桐，美丽的阳光，鸟儿的欢唱……这样的时光，充满了诗情画意，写满了宁静与悠扬。

虽然当时的社会经历了许多黑暗、痛苦与挣扎，但独属于三毛的三载南京时光，是简单快乐的。这样的安宁，也许算得上是命运给予她的最大恩赐。

心有诗意,岁月不老

一见钟情需要什么理由?第一眼便爱上了,仿佛前生的约定,只要一眼便可以认出。三毛今生的第一位忠实恋人,便是"文字"。

天赋异禀的三毛自小就表现得很不一般。两三岁的年纪,在许多孩子仍是懵懵懂懂的时候,三毛就已经表现出了对读书的极大兴趣。

当时,在三毛的堂兄堂姐中,有的念中大,有的念金陵中学,大三毛三岁的姐姐也背着书包走进了学校,只有她因为年纪尚小甚至还不能够上幼稚园,便跟着一个叫兰瑛的女工在家里玩。那时候三毛的大弟弟还是一个婴儿。

白天只要姐姐上学走后,女工就会把三毛领到后院,叫一个长着癫痢头的小孩"马蹄子"跟她玩,三毛虽然爱玩,却对这样一个玩伴喜欢不起来，宁愿让出自己的玩具，然后独自躲到宅子二楼的图书馆去。徜徉在书籍的海洋中，望着窗外的梧桐树，三毛感到莫大的幸福和满足。书香萦绕的屋子里，装满幸福的阳光，滋养着年幼的三毛。

这要得益于陈家的良好家风，书香世家自然便是书的天堂，纵然其他物品稀缺，书却是不可替代的必需品。

在书的世界里，三毛找到了真正的自己。浓墨书香把三毛带到了另一个崭新的世界。她幼小的灵魂，与书紧紧拥抱。她沉浸在书海之中难以自拔，常常废寝忘食，直到兰瑛或妈妈从狭小的角落中找到她，三毛才恋恋不舍地合上书本。

三毛生平看的第一本书是没有字的，但是却知道它叫《三毛流浪记》，后来又看了一本《三毛从军记》，作者都是张乐平。亦是从她特别喜欢的这两本书里，她找到了自己的笔名。读着书里的内容，三毛时而笑时而叹息，在那样小的年纪里，却有着独特的理解力和探知心。

在那个战乱不断的年代，政局动荡，人们饱受苦难。而这本漫画里的孩子，则是那些在战乱里饱受疾苦的孩子的缩影。

这个叫三毛的小男孩儿有着圆圆的脑袋和脸蛋，五官很可爱，眉眼中却时常透着迷茫和委屈。他的头上只有三根头发，所以名字为三毛。

也因着这份机缘，三毛日后又认了第二位爸爸，一个未曾谋面却为她打开了一个新世界的人——张乐平。这份因书而结缘的亲情使得两人后来一见如故，自然就成了父女。

带着莫名的吸引与牵动，她自小接触书，便产生了对书的极大兴趣，到能识字的时候，又转成了对文字的爱。

后来，三毛这个笔名让她红遍了整个台湾，乃至整个中国，一时成为家喻户晓的人物。起名之初是无心的，后来三毛才发现，这个名字里藏着一个易经的卦象。所谓看似无心，实则有心——打开她视界的第一本书便是"三毛"，是"三毛"让三毛的世界开阔了起来，打开了通往新知的大门，也是"三毛"最初与她相遇，牵着她的手去拥抱了书的温暖。

看过"三毛"之后，其他凡是书里有插图的儿童书便成为三毛接下来的读物。在那样小的年纪，三毛就"看"过了《木偶奇遇记》《安徒生童话集》《格林兄弟童话》，还有《苦儿寻母记》《爱的教育》《爱丽丝漫游仙境》等许多童话书。

书打开了她的另一个世界，而这世界就是那些方方正正的文字。文字没有直接以"生硬和陌生"的方式出现在她面前，一如我们先识字后读书；在三毛眼里，它们是最直接地通往一个无尽宝藏之地的金钥匙，闪闪发光，那般诱人，让人迫不及待地想要"得到"它。

在三毛的世界里，只有书才是最好的"玩伴"，是书带她重新认识了这个世界，所以在她和第一本书相遇的时候，就深深爱上了它，并陷了进去。文字是书的灵魂，与文字产生"爱情"是理所当然，再自然不过的事了。

对书和文字的爱深深地镌刻在她的生命中，那么深、那么远……从对文字的一见钟情，到后来连续有机会发表作品《惑》《一个星期一的早晨》《珍妮的自画像》，让这个女孩儿彻底地和文字"热恋"起来，终其一生都不曾减损这爱一分一毫。

乡愁是心上下的雨

小时候

乡愁是一枚小小的邮票

我在这头

母亲在那头

长大后

乡愁是一张窄窄的船票

我在这头

新娘在那头

后来啊

乡愁是一方矮矮的坟墓

我在外头

母亲在里头

而现在

乡愁是一湾浅浅的海峡

我在这头

大陆在那头

——余光中《乡愁》

多少远离故土的游子传唱着这首真挚感人的《乡愁》，因为它道出了那一代人最刻骨的想念与哀愁。这首诗用在三毛身上，亦是再合适不过的，尽管离开祖国大陆的怀抱时，年纪尚轻的三毛还未理解"乡愁"二字的真正含义。

在金陵短暂停留的记忆里，三毛爱极了那里的雨。雨下得缠绵，跟她的情绪一般，辗转让人难忘。漂泊离去后，那种感觉让她思念，让她难以忘怀。这是她独特的乡愁。

金陵的日子固然美好，却极其短暂。在1949年的某天，陈氏一家再度迁徙，去往了中国的宝岛台湾。

逃难过程在三毛脑海中的记忆是很少的，唯一记得的便是母亲在轮船上吐得很厉害，那时三毛很害怕，心中产生了强烈的恐惧，因为她害怕母亲死去。

搜寻在大陆家中的记忆，除了书，便是离开前父亲往自己手上塞了一沓可以换马头牌冰棒的金圆券，脸上的笑容还未绽放，她却恍然发现家中的老仆人正在默默流泪。

台湾一直是三毛内心中最柔软的地方。对于三毛来说，这里才是生活中真正的故乡。绿树青山，碧海蓝天，自然的馈赠和人情的丰腴，一切都是新鲜而珍贵的，对于一个纯真而敏感的女孩子来说，又有什么理由不爱上这里呢？

初到台湾，一切都是艰难的，那时三毛的大伯父和父亲带着一大家子的人千辛万苦地搬到台湾，为了糊口，手头的金饰不得不换成了金圆券，严峻的经济形势让初入台湾的一家人不知所措，而此时，幼小的三毛却浑然无知。

到台湾后，三毛记忆尤深的还是初次见榻榻米时的情形。那时台北"建国北路"的房子都是日式的，三毛与家中的堂哥堂姐第一次见到要脱鞋才能进的房间，他们兴奋不已，光着脚丫子在上面又蹦又跳，大喊着："解放了！解放了！"

在孩子的认知里，只是单纯地认为解放了双脚才说出的话，殊不知当时正在政治敏感时期，家人大为惊愕，叱喝着这群不知天高地厚的小孩子，并勒令不许再说这样的话。

对台湾的另一个重要印象是关于书籍。当时的台湾有一阵子刮起了禁书之风，要把一些书通通烧掉。三毛跑去问母亲，得知是书"有毒"，一个那样爱书的女孩子突然听到这种说法，自然是万分诧异的。

公车的开通使得她家附近的那条"建国北路"热闹了起来，

各行各业的形色之人多了起来，而对三毛来说，那个叫"建国书店"的商店挂上招牌以后，每天畅游书海成了她放学后最大的乐趣。爱书成痴，估计就是从那时开始的，书籍成了三毛生命中最重要的陪伴。

后来父亲搬出一个已经被遗忘了的樟木箱，一本本装帧精美的书籍出现在三毛面前时，她已经不能自拔地连书的外表都爱上了。这一切，都是在她的成长之地——台湾发生的。

台湾，给了她最初最真实的生活体验。不管曾经流浪过多少地方，热爱过多少土地，都在兜转了一圈之后回到了原点。台湾，三毛心中最温柔的一笔，唤它作"新的故乡"也罢，但愿在这里安眠的三毛，能够解得了这份牵绊她一生的乡愁。

第二章

清澈如许，不负朝夕

三毛将这些珍贵的记忆化为了潺潺文字，书名叫作《我的宝贝》，一一叙说着它们的故事，将她的宝藏公开，将一个人拾荒追梦的历程铺展在了所有人面前，感染着那些蠢蠢欲动的对生活有无尽热爱的人。

拾荒梦

懵懂而快乐的年纪总是匆匆逝去，曾经那个年幼的女童已经日渐婷婷，而随着年岁成长的不仅是身体，还有一颗聪慧而敏感的心。小小的空间里，方正的桌椅间，三毛像其他孩子一样规规矩矩地走进了学堂。

尽管其他科目成绩平平，但作文与美术三毛不仅最为拿手，还因着这些成绩有了小小的自信和骄傲。那位教学极为严厉的全科老师，不仅对三毛的作文无可挑剔，更是对三毛青睐有加，作文课仿佛成了三毛的专属表演课——每次作文课，她的文章必是作为范本在课堂上朗读的。

又是一堂作文课，这次老师出的题目是"我的志愿"。如往常一样，老师又一次期待着这位得意弟子的佳作。结果出乎意料，三毛大大方方告诉大家，自己的理想是当个拾荒人，还颇有点惋惜似的说道,人们总是把一些好东西给丢掉,而当一个拾荒者最快乐的时刻就是把这些已经蒙尘的东西发掘出来。

兴致勃勃的她还未及说完,就被老师扔过来的板擦给打断了。所谓的"理想"一定要远大才行,老师又怎能允许她的学生沦为社会的底层?三毛想要成为"拾荒者"的志愿不仅让她颜面无光,更让她觉得羞辱。必须重写!

三毛在这板擦的"袭击"之下似乎仍未醒悟过来,只知道老师并不怎么喜欢她的这份未来职业。于是三毛变戏法似的将这份愿望隐藏起来,改口将自己化身为一个摊贩,不过心里真正的愿望没有改变,仍然忍不住在营业之余随便捡捡别人丢掉的宝贝。

自以为聪明的三毛,让老师气怒,对她有种朽木不可雕的无奈。老师一番苦口婆心的教诲,让三毛意识到了老师的"愿望",于是叹气谎说,希望自己以后做个拯救万民的医生。自然,感动的是老师,而无动于衷的只有这个声称要做拾荒者的女孩儿。

很多儿时的梦想每每被我们淡忘,偶有一日想起也只会徒增唏嘘。然而就是有一种"固执"的人,怀揣着对自己理想强烈的执着和爱,一路走来,让这小小的种子逐渐长成了参天大树。

多年以后,三毛撒哈拉的家,从最初家徒四壁变为沙漠中的城堡,正是由于拾荒者三毛的改造结果。谁说一个拾荒的梦就不可以浪漫地成真?

玩具对孩子们的诱惑永远是巨大的，只不过现在很多孩子的玩具都是金钱的交易品，缺少了一种自然的乐趣。而在三毛的那个时代，玩具都是自己"造"的，或者说，是随手捡来的东西的再创造。树叶可以当哨子，肥皂泡可以用破笔杆吹出来，"跳房子"是用粉笔画的，手枪是拿筷子和橡皮筋绑着做成的……正是这般的亲近自然，三毛才能体悟到世界角落里点点滴滴的美好。

这些自然的馈赠不仅深受孩子们的喜爱，而且分文不用，得来的却是孩子们欢快的笑声和永不疲倦的快乐。在那样的环境下，对三毛来说，捡来的东西只要制作得当，全部都是宝贝。

三毛的第一个宝贝被她叫作"点人机"，其实就是一根捡来的弧形树枝，跟着前面的人跑，点到谁谁就出局。年仅三岁的三毛偏爱叫它"点人机"，而这根捡来的树枝也奠定了她以后拾荒的基础。

毫无疑问，拾荒是需要眼力的。慧眼识珠，哪怕是被埋得再深、再破旧的东西都有重新焕发光彩的一天；没有眼力，那么拾荒充其量只是捡捡毫无用处的垃圾。常人眼中所见的，未必就是它的本来面目，只有那些真正懂得的人，如同伯乐与马、伯牙与子期，仅一眼、一声就能识得是知音。

那个时候的三毛，放学后的时光便好似寻宝旅程，快乐得如同飞鸟。很多再寻常不过的东西在她眼里都能焕发出不一样的光彩：一颗弹珠，一个大别针，一个美丽的香水瓶，一颗狗牙，或者是一只小皮球,甚至可能得到意外之财——一角钱。

时间久了,只要一瞥,便知道什么是可取的、什么是不可取的。少女时代,一度"爱书成痴"的三毛通过读书,眼光也得到了提升,渐渐也懂得了格调,这对她以后的写作生涯产生了极为深远的影响。

对于看似普通的事物,三毛却能以特殊的敏感去品味那些曾经交错的瞬间,以至于不顾旁人的眼光将丢弃的枯树枝拖回家当作宝贝;见到洗衣大婶坐的木头椅子也爱不释手,因为那像极了木头木脑的复活岛人像。

直至离家出国前,三毛还将这些被她视作"第二生命"的宝贝郑重地交托爸妈,让他们保证即使搬家也不会丢弃它们,虽然那时的家都快被这些破铜烂铁给堆满了。

从小衣食不缺,温饱过甚,家里四个孩子中只有三毛有捡废物的怪毛病。这个古怪而又捉摸不透的孩子让家人感到不可思议,然而谁都无可预料的是,正是这样一个生活的"拾荒者"终有一天会成为文字的拾荒者,用那些破旧而简单的文字创造出一个丰腴的美的世界。

拾荒开始时是嗜好,但是就连三毛自己也没有想到,有朝一日会用别人丢弃的一草一木重建一个家庭,那种滋味简直美妙到不可想象。

三毛通过拾荒拥有了一个巨大的宝藏。宝藏不仅永远不会少,还会因着交换和日后的拾捡越积越多。拾荒,如此诱人,除了能得到东西的欢喜外，还有着一份永远不知道下一秒会拾到什么东西的未知，会让人永远保留着新鲜感和好奇心。

后来，三毛将这些珍贵的记忆化为了潺潺文字，书名叫作《我的宝贝》，一一叙说着它们的故事，将她的宝藏公开，将一个人拾荒追梦的历程铺展在了所有人面前，感染着那些蠢蠢欲动的对生活有无尽热爱的人。

三毛，终于以自己的方式完成了曾经的拾荒梦。

向微光跋涉

浩瀚的书海,不仅是知识和智慧的来源,对三毛来说,更是一个全然不同的世界。在这个世界里,她畅游着,忘乎所以,没有任何事物能够轻易击垮她。书,陪伴了她一辈子,是这一生中最忠实的伙伴,也是童年里唯一的玩伴。

三岁读书,这多多少少显得有些夸张,然而就是那么自然而然,她遇上了书,自此沉迷到无法自拔。

她总是自主看书,遇到不懂的字和词便问姐姐,于是《学友》《东方少年》以及《王尔德的童话》便都这样读过了。不耐烦报纸的出刊时间,三毛又翻起了堂哥的书,逐渐地认识了那时对她而言还很陌生的作家,如鲁迅、巴金、老舍、冰心等。后来,《骆驼祥子》《寄小读者》也都被她拿来"吞"下去了。

被送到学校念书时,三毛已经能认很多字了。她对文字天生的敏锐力是令人吃惊的,连老师也惊奇:看她拿着报纸,以为是看着玩的,结果她却从头到尾读了下来。语文课对她而言,只是简单的哄骗小孩子的课罢了,她甚至跑去跟老师说,为什么这些东西写得这么浅显,分明是骗小孩儿,结果必然是遭到了老师的责骂。

手中的书和报纸很快便被她看完了,所以每当书一拿到手就迫不及待地翻看。之后,她的生命随着"建国书店"的开业又一次发生转折,三毛的爱书情结愈发浓烈,对她来讲,这个地方简直如天堂一般。

三毛用尽各种办法借书,其表现便是缠着那时并不宽裕的家长要钱租书。刚开始租到的是美国移民西部的故事书,如《森林中的小屋》《梅河岸上》《草原上的屋》《农夫的孩子》《银湖之滨》《黄金时代》;看完之后又转战儿童书,儿童书告捷后又转向其他书籍,先是《红花侠》《三剑客》《基督山恩仇记》《堂吉诃德》,后来是《飘》《简·爱》《虎魄》《呼啸山庄》《傲慢与偏见》《雷绮表姐》……三毛一股脑儿跌进这一道洪流里,简直是痴迷忘返了。

这一场看似"生吞活剥"的读书经历,奠定了三毛日后的阅读基础。无论懂不懂,只要有故事她就能看下去,就会产生出一种说不出、道不明的独特滋味。囫囵吞枣并非一无是处,慢慢消化之后的养分足以灌溉心田。

不过,似乎连她自己也没有料到,以后那些曾打动过她心的文字竟然会在她的手中"复活"过来，成为她向世人传递信息的使者。她投稿的作品，是没有一次被退回过的。

春去秋来，她已经是五年级的学生了。那时的三毛，已经完全沉浸在书中的故事和人物上，幸运的是从未受到家人的阻止。但是日渐加重的课程只能让她在课堂上"偷抢"时间了。对她一生中影响最大、也是最爱的一本书《红楼梦》，便是在上课时偷偷藏在裙子下面看的。

有一段文字让三毛记忆深刻，看过后再也难以忘怀。那是在她读到《红楼梦》里宝玉出家那一段："贾政泊舟在客地，当时，天下着茫茫的大雪，贾政写家书，正想到宝玉，突然见到岸边雪地上一个披猩猩红大氅、光着头、赤着脚的人向他倒身大拜下去，贾政连忙站起身来要回礼，再一看，那人双手合十，面上似悲似喜，不正是宝玉吗？这时候突然上来了一僧一道，挟着宝玉高歌而去——'我所居兮，青埂之峰；我所游兮，鸿蒙太空，谁与我逝兮，吾谁与从？渺渺茫茫兮，归彼大荒！'"

读完这一段的三毛简直都愣住了，感觉在梦中，竟忘了自己身在何处，而那时心里的滋味早就不是流泪和感动所能形容的了，便痴痴地坐着、听着，连老师叫她名字时都以为是从好远处飘过来的。那个时候的她顿时领悟了什么叫作"境界"。

这次与《红楼梦》文字的碰撞，使得她对文字无法自拔，而这部书，也是她一生最爱的一本书，反反复复读了不知多少遍。

三毛深深地感到了文学之美，并为之感到震撼，自那时她便下定决心,要追随它一生了。而记得在她离世前也曾反反复复说过,如果有一天自己死了,希望有人能给她"烧"一本《红楼梦》。

随着小升初后的课业繁重,三毛又太爱看书而忽视了学业,直接导致了成绩直线下降,一次月考下来四门不及格。老师、家人开始警告她,希望她能够"悬崖勒马",知轻知重。而就是在这样的高压下,她也未曾完全停下走进浩瀚书海的脚步,大伯父的书架上的《孽海花》《六祖坛经》《阅微草堂笔记》《人间词话》,都悄悄被三毛"吞进了肚中"。对她来说,有书便是好的,完全离开钟爱的书籍是一件无论如何也做不到的事情。

书读得越多,越激起三毛求知的欲望。后来三毛在十五六岁时,已经是个十足的"书奴"了,而父亲则为她专门做了一个书橱。驰骋在书籍的汪洋中,就是三毛童年的最大快乐。

春日阳光正好

总有那么一些人,在年少的时光出现过,就像一颗石子投入清澈的湖水中,激起一阵涟漪,随后便消散得无影无踪,仿佛从来没有存在过一般;然而,那些曾经在岁月里留下的脚印,却幻化作生命中永远的回忆。

那年秋天,十岁左右的三毛,还是台北市中正小学的一名小学生。依照学校往常的惯例,新学期开始时都要举行一场校际同乐会,全校的班级同学都要出演歌舞、话剧等节目。那一年,同乐会一共有两场话剧,一出是毕业班学长学姐们排练的《吴凤传》,另一出是《牛伯伯打游击》。

虽然不善言语,可是小小的三毛心中却藏着一个演员梦,但是成绩平平、长相又不出众的她总是被忽略,躲在微不足道的角落无人赏识。唯一的一次演出经历是扮演了"一棵树"——

比人还要大的三夹板上画着的那棵树，三毛就那样笔直地站在树的后面直到落幕。

有兄弟姐妹的孩子，一旦年长的孩子表现优异，年幼的孩子总是会被他们的光环罩着，在压力下往往变得自卑而又敏感。三毛的姐姐是三毛的榜样——功课、人缘、模样都好，而且从小学一年级起就是学校里的传奇人物。与默默无闻的三毛相比，被誉为"白雪公主"的姐姐自然是夺人耳目的。

连姐姐也不知道，妹妹有多么羡慕她。尤其是在演出话剧的时候，姐姐总是理所当然地成了主角，而喜欢演戏的三毛却只能眼巴巴地看着，热闹都是别人的。内心蠢蠢欲动的三毛每到中午吃完便当，就会偷偷地跑去学校的大礼堂，艳羡地瞻仰那些舞台上的优美身姿。

也许是三毛演戏的欲望太强烈了，有一天竟突然会被老师叫去演《牛伯伯打游击》中的匪兵乙。因缘使然，要不是因为演这出剧，要不是演这个匪兵乙，三毛也许永远也不会认识那个匪兵甲，心中的那段朦胧情愫或许也永远不会存在。

在那个青涩的年纪，在那个相对保守的年代，学校里，男孩子和女孩子不是一起上课的，更被禁止说话，如果有男孩对女孩友好地笑一笑，就会被调皮捣蛋者在墙上涂写上"某年某班某某人爱女生不要脸"之类的鬼话。那样单纯好笑的青涩时光，如今看来甚至都有些匪夷所思了，但却是那么纯真可爱。而就在这样的环境下，老师竟然会安排三毛和一个男生单独待在一起演匪兵！这对三毛来说简直太不可思议。

那以后的午后时光，三毛都会蹲在一条长板凳上，和另一个演匪兵的男生躲在布幔后面。布幔与前台隔开着，而他们要做的就是在心中默数着数字，等"牛伯伯"经过布幔来的时候，两人一齐跳出去，拿着一支假装是长枪的扫把大喊一声："站住！哪里去？"

除去这一句台词，他们彼此再也没有交流。一则畏惧于学校的规定，二则忌惮着同伴们的闲言碎语，两人竟都缄默着。然而终日里面对着一个男孩子，一种神秘而又朦胧的喜悦在三毛的内心里渐渐滋长着，虽然不曾言语，但是那一同数到某个数字然后冲到"牛伯伯"跟前的默契却是十足的。

小小的年纪还不会多做猜疑，小小的心还不会叹息，却有一种默契在这两个小小的灵魂里，同频率、同气息。

在青葱岁月一去不复返之后，再度回首，三毛记不清那个人的样貌，却总能记起他那用剃头刀刮得发亮的头，那么安静地坐在后面，等时间一到便与她一同默契地跳出喊杀。这份初到的默契，竟成了往后再也难忘的记忆。

三毛觉得，她好像是有点"爱上"了匪兵甲。

考试没有及格，被老师拿竹鞭子打腿，三毛偷偷抹去了一点眼泪，不是因为这些事伤心，却有另一个想伤心落泪的理由。演出结束，他们生活不再有交集，她也只能在早会的时候张望一下，找到那个头比别人光、也比别人大的人。这份朦胧的情感却在现实面前止步,只能深深地埋葬在心底,这是让她伤心的一个理由;被别人误以为自己喜欢"牛伯伯",这是让她伤心的另一个理由。

有一天下课回家路上,三毛与一帮恶作剧男生在泥巴路上狭路相逢了。男孩子们重新提起了那个三毛喜欢"牛伯伯"的传言,这让原本就心中有怨气亦不会退让的三毛忍无可忍,冲上去便要和遇到的第一个男生打架。而在随后冲上来的杂乱的脸中,三毛却发现了一双似乎受着很大苦痛又带着一种惊惶的眼神——"匪兵甲"。

有些时候,根本无须多言,只要一个眼神,就能心领神会。三毛确定了,那个因自己要被打而痛苦、惊惶的眼神回答了一切,他是在意她的!

一颗心,因为突如其来的尖锐的甜蜜而痛了起来。被误解就误解吧,反正打架的原因也只是因为这误会不想被另一个人知道,而现在,既然了解了那个人的心意,就算众人唾骂又何妨?三毛捡起掉在水田里的书包,低下头跑了。

他是了解自己的啊!不仅有那份一起倒数冲出去的默契,更有了解她不是喜欢"牛伯伯"的默契,这就够了!

往后早会的日子里,三毛总也忍不住轻轻回头用眼光扫一下男生站的区域,假装不在意,却总被另一双同样不经意的眼睛看到——她总是固执地相信那眼神里有着其他的信息,那令她欣喜和期待的信息。

有一次，无意之间，三毛竟然发现"匪兵甲"和"牛伯伯"在操场上打架，"匪兵甲"不占优势，被"牛伯伯"骑在身上，用湿泥糊满了鼻子和嘴巴。

看着自己那么关心在意的人的无力挣扎，三毛的心痛极了，"指甲掐在窗框上快把木头插出洞来了，而眼睛不能移位"。那一瞬间，她觉得仿佛被湿泥糊住口鼻的是自己，忍不住跑去厕所吐了一番。而那以后，她也认定了自己是爱上了"匪兵甲"，不然，为什么会对他如此在意、如此感同身受？

单纯的孩子一旦单纯地"恋爱"，就会做出许多傻事来。在那以后的每个夜晚，三毛向神哀求祷告着，长大了以后要做那个人的妻子，并且坚定地说着永不反悔。

时光飞逝，三毛的高小生活结束了，毕业那天，她没有再和往常一样再向后张望，寻找那一个熟悉的身影，而是冲向了教室，为她最后一段小学的记忆画上一个完美的句号。但是心中的牵挂是不能轻易放下的，回家的时候，她拼命跑啊跑，甩掉了同行的女生，跑到了每天要经过的那条田埂上，那条曾经与他相遇的路上，她拼命张望着，张望着，希望那个熟悉的身影再次出现，而许久之后，人影散去，只留下三毛一个人在碧蓝的天空下孤独等待的身影。

原来等待的也只有自己一个人了。

穿上绿色制服上初中的时候，三毛每夜仍是如同以往一样地祈祷，否则便不能安睡；可是时间久了，她发觉原来的祈祷的内容都记不住了。她觉得无能为力和悲哀了。

刻骨的思念，即使再回头，也看不见了。

这一场单纯的"爱恋"，其实也只能算是暗恋，或者也无关暗恋。那么多年过去了，留在心里的仍是那段单纯美好的时光，和那个单纯美好的自己。回忆过去，记忆中的人不再是那一个了吧，也或许，她深深怀念的，只是曾经那段朦胧的青春回忆。

无声世界的守候

一个再孤僻平庸的孩子,也会有人用心去守护。敏感多愁的三毛,喜欢用厚厚的铠甲把自己伪装,不肯轻易以真面目示人。而在她幸运的生命历程中,总会遇到各种各样默默守护她的人,温暖了三毛一段短暂的时光。

一个和平常一样的日子,三毛走在上学的路上,突然遭到一只疯水牛的袭击,让她猝不及防。惊慌与恐惧紧紧攫住了三毛的心,她一路狂奔试图摆脱它。令三毛不解的是,她根本没有穿红衣服,但这只水牛仿佛只盯准了她一般,对她狂追不舍,对其他人却视若无睹。

三毛怕极了,却连哭的工夫都没有,一口气跑到教室,与同学们和老师将门窗堵死,紧张不已。

虽然出于无意,但是祸患是三毛带来的,一个人的不幸同样引发了其他人的不幸,所有老师和同学都如临大敌一般躲着那个被三毛招来的不祥物。这一切甚至给学校也造成了恐慌,朝会取消不说,学校广播还嘱咐同学们不要出来。

更不幸的是该三毛值日,因为她须到厨房大灶上去为大家接水。这也就意味着,三毛要离开这个安全的教室,去面对那只随时会冲过来的疯水牛。

风纪股长有着仅亚于老师的权利,他告诉三毛,不去提水就要被记名,到时候老师就会批评三毛。小小的年纪里,读书时光中最看重的便是纪律了,三毛对名誉也分外爱惜,宁愿冒险出去打水,也不愿意被记名。

提着空水壶走到外面后,顾不上看牛就一路向厨房跑,等到拎着接满水的水壶后却无法再狂奔起来了。绝望的三毛在疯牛与记名之间左右为难,不禁哭了起来。

恰巧那个时候,学校里有从台湾南部到台北来的驻军短暂驻扎,正好在三毛哭泣的时候出操回来了。部队的出现对三毛来说简直就像救星一般,他们轻松地赶走了水牛,也将三毛从困境中解救出来。

如蒙大赦的三毛正准备回去,却听到了身后有声响,她第一个反应就是那只疯水牛又回来了,不禁吓得瘫软在了地上。不过出现的却不是疯水牛,而是一个兵。这个人用扁担挑着水桶,身体很壮,眼神却柔和得跟个孩子似的。他不会说话,只跟三毛打着手势,还一路把三毛连同小水壶护送到了教室。

趁着老师没来，三毛用石头在泥地上写起了字，试图和这个哑巴兵交流。三毛问他是什么兵，结果由于识字不多的原因，那个哑巴把"炊兵"写成了"吹兵"，还因三毛的问询让他高兴得傻笑起来。哑巴"吹兵"还和三毛握手，很用力，很欢喜，而那以后，他们俩便成了朋友。

哑巴兵的出现让三毛欢喜，因为她没什么玩伴，而哑巴兵却可以陪她一起玩耍。那时功课还不忙的三毛，每天最开心的便是和哑巴兵一起玩。哑巴兵也很喜欢三毛，每天早上看到三毛便手舞足蹈地欢迎她。

也许是上天注定让哑巴兵出现在三毛的生命中去守护她，那段时光里，三毛没有受到任何人的欺负，还受到了哑巴兵的独特关照——他经常跟在三毛后面帮她提水壶。三毛的父母知道了哑巴兵和三毛的关系，倒是很放心有人能替他们照顾女儿。

三毛会利用和哑巴兵在一起的时间，蹲在地上用写字交流，还充当起了小老师的角色，跟他解释"炊"和"吹"的区别。三毛解释得很生动详细，还带着肢体语言，哑巴兵很快便能理解，当他写错字的时候三毛便打一下他的头。这段欢乐的"教学相长"的时光，成了三毛在寂寞学堂里难忘的记忆之一。

关于哑巴兵的故事，老师给班上同学讲故事的时候曾有提及，但却不让同学们当真。三毛知道这一切都是真实的，因为她和哑巴兵写字、打手势，花了很多工夫了解到了哑巴兵的故事，知道老师说的并不假。哑巴兵本来是四川种田的农民，在媳妇要生产的时候出门给媳妇买药,却不幸被抓了壮丁,而这一走,便再也没有回到过家乡,更别说知道自己的孩子是男是女了。

哑巴兵看着眼前的三毛,想到他自己的孩子差不多这么大了吧,便把三毛当女儿似的疼了起来,对她倾注了满满的父爱。

哑巴兵一见到三毛,脸上便绽放出了如花一般的笑容,三毛也很快乐地跟哑巴兵打着招呼。上下学的路上,都有哑巴兵的默默陪伴。

哑巴用他独特的方式爱护着三毛。夏日里,他剪下一块芭蕉叶,细心地抚平上面的褶皱,让三毛垫在课桌下,让她感受到一丝清凉;而三毛回馈给哑巴兵的礼物要么是一颗话梅,要么是美劳课的成绩,倒也是礼尚往来。下午放学时,三毛和哑巴兵安安静静玩着跷跷板,哑巴兵怕自己重不敢坐,只用手压着,动作很小心。

部队是短暂驻扎的,一段时日以后,就要离开了。哑巴兵快离开了,他拿出自己最贵重的东西——一枚金戒指,要送给三毛。虽然对钱财没有什么概念,但三毛知道很贵重,便没有收。

三毛与哑巴兵之间发生的事,老师全都看在眼里。成人的世界与思维总是要比一个孩子复杂得多,老师觉得哑巴兵对三毛图谋不轨于是,借助自己的威严,禁止三毛以后与哑巴兵接触。

后来的日子里,三毛怀着很大的歉疚感,不敢和哑巴兵接触,连看他一眼都不敢,这让哑巴兵伤心却无能为力。

三毛对哑巴兵还是怀有很深的感情的。虽然也有人会欺负哑巴兵,但哑巴兵只是会将这些捣乱的男孩子吓走,并不多予理会。然而有一次,有个男生趁哑巴兵不注意抽掉了挑水的扁担拿去打秋千架,三毛见状追上去便打,她不想看到有人欺负哑巴兵。老师知道了这件事,也了解了前因后果,倒没有为难三毛。生平第一次打架却没有受到处罚,三毛倒是有些意外。

哑巴兵为三毛替他打架出头的事感动,同时对三毛既担心又心疼,为她细心掸去身上的尘土,还想要抱一抱三毛,最终却犹豫着走开了。

种种事例,三毛就算是再小,也能明白他对她如父爱般的情感的。可惜没有办法,有老师威严的命令在那儿,三毛再心痛也得服从。从此,三毛的生活中就再也没有和哑巴兵一起快乐玩耍的经历了,那些曾经愉快的记忆虽然无声,却让三毛一辈子也忘不了。

而哑巴兵,也只能在墙角哀哀地望着她。

三毛的心,是沉重和悲伤的,她形容:"那种不义的羞耻没法跟老师的权威去对抗,那是一种无关任何生活学业的被迫无情,而我,没有办法。"

再次和哑巴兵相遇,是那天在三毛去厨房提水时,哑巴兵像往常那样帮她拎水壶。在快到教室的时候,哑巴兵放下水壶,也没有像往常用小石子写字交流,而是直接用指甲在地上连续而快速地画着问号。

哑巴兵的世界是静默的,他所有的爱和情感压在心底无法向任何人倾诉,更无法开口向三毛问明白她忽然冷落他的理由,只能借由这一个个简单的符号表达心中急切询问却又无可奈何的困惑。

三毛当然是懂的,从一开始她就明白哑巴兵的想法,只是她有不得已的原因。她看他写下的问号,心里面何尝不是像被鞭抽一样难受。她只能写着,重复地写着:"不是我!不是我!不是我!"哑巴兵不明白,还以为是因为要送给三毛金戒指的原因,但是三毛无法向他解释清楚,又不想出卖老师,只能委屈地喊叫着,让哑巴看到的只是一种表情却无能为力。三毛跑开了,却无法忘怀她看到的那个表情。

终于到了部队要离开的那一天。三毛和同学们一起唱着歌欢送部队,却没有寻到哑巴兵的身影。在歌唱到最起劲的时候被打断了,哑巴兵来寻她来了。老师自然不会同意,大声呵斥着,让他走开,但是三毛却不顾老师的阻止,跑了出去。

要走了。离别前,哑巴兵郑重送给三毛一个书一般大的纸包,用力握住三毛的手,尽可能从他那没有声音的喉咙里发出最大的响声和三毛道别,还对着三毛认认真真敬了一个军礼。

纸包里是珍贵的只有过年时候才能吃到的牛肉干,除此之外只有纸包上的地址和姓名。

眼皮底下发生的事,老师自然不会不管。老师查看了所有的东西,将地址没收,牛肉干则被撕成一片片喂给了学校里养的一只狗。

这件事对三毛的影响却并不能像微澜一般散去无踪迹,她总是难以忘怀那个对哑巴兵无法说出的理由,以至于多年后看《水浒传》里石秀有口难辩的那句:"嫂嫂!不是我!"便立即引发了她的共鸣。生平第一次负了别人,这种无法释怀的伤一直压在三毛的心坎上,每每想起都让她悲不自禁。

多年后,三毛写出了这个故事,将她自己的名字也刊载出来,只为着有一天哑巴兵可以看到,抑或是有人能够转告哑巴兵,这样或许他能给三毛写一封信,或许能够联络到三毛,那么她便有机会去弥补当年的歉疚,放下心上那块沉甸甸的重石了。虽然道歉的方式或许会是寄给他一大包牛肉干和一枚金戒指,但无论如何,这一份欠下的良心债是要还的。

三毛的童年曾被这样一个人守护着,没有声音,却带给了她很多温暖和快乐,而她却在无奈伤害了他之后连一个可以给他安慰的理由都说不出,这样不对等的关系,这样无私的默默守护,让三毛终其一生也难忘记。

这段青涩而深刻的记忆已经深深地印在三毛的心底,她始终不会忘记、不舍忘记曾经有一个素不相识的哑巴兵默默守护自己的那段时光。

囚鸟

那是一个"多雨"的季节,三毛的天空是灰蒙蒙的,没有过多的色彩。

能否让一只自由的鸟儿放弃飞翔?不能,不要把它囚禁在这牢笼。但在羽翼未丰之前,这只鸟儿却不得不待在牢笼。

三毛三岁读书,到入学前已经认识不少字了,甚至都没有不识字的记忆,这样优秀的孩子,总是会特别受到老师的青睐。然而,就像风读不懂云却总爱给它各种形状一样,老师也不懂三毛,但是却要求她成为她理想中的样子。

尽管他们不了解,可是这并不会改变什么,三毛仍是那个有骄傲、有自己独特想法的孩子。只是,如果岁月就这样过下去,也许此生便能安稳而过了吧,学堂至多只能囚禁住她的身体,却绑缚不了她的心和灵魂。只是,这里注定不是她的,注定会让这个拥有自由之翼的姑娘遍体鳞伤。

数学课是最困扰三毛的一门课了。实在是不明白，为什么那些小小的数字会那么复杂，而也实在是不懂，为什么每一个孩子都要屈从于枯燥数字的魔爪。或许关于数学的所有天分都被文学霸占去了，每一次的考试过后，语文成绩与数学成绩总是形成了强烈的反差。

那个时候，三毛所有的心思都沉浸在文学的世界难以自拔，再也没有余力分散给毫无学习兴趣的学科。就在一次月考四门科目不及格后，父母、老师同时严重警告了她。这一次，尽管三毛仍然不认同他们"闲书一点儿用也没有"的观念，却认真对待起了学业。这之后的一次数学考试，考试题目都是以前做过的，没有其他办法，三毛只有把那些题全部死背了下来。生平数学考试唯一的一次满分，没有惊讶到三毛，却困惑了老师。

显然老师并不能接受这个事实，这个无异于"白痴"的女孩儿除了作弊外，是没有可能考得了这样让人意外的成绩的。于是在单独出题而三毛答不出来后，老师终于开始了刁难。那时的三毛虽然敢于反抗，却也阻止不了老师以职业身份行使的权力。生平第一次，眼睛上被画了两个圈，但这还不够，羞辱延续到了班级之外，老师让三毛在外面走了一圈。哄笑声中，一个敏感而脆弱的灵魂深深受伤了。

言语的警示并不能动摇三毛心里的某些信念，起码她还有一颗固执守护的心做堡垒；但是身体上的侮辱和同学们的嘲笑，却让三毛的灵魂受到了严重创伤，她不能够接受来自别人肆无忌惮的羞辱，在那颗尚未有全面防备的心里，仍然是在意别人看法的呀。这次事件结束后，三毛也暗暗做了决定，不会再在这个不属于自己的地方停留了——她逃学了。

逃学是被母亲逼迫着回学校后的某一天突然作的决定，那一天的三毛望着学校淡黄色的屋顶，不断问着自己，为什么不敢追求自己喜爱的东西，为什么要一直忍耐？然后，转身坐上公交，一路到了六张犁公墓。

这个世界上，也许死人比活人好相处，因为他们不说话，不会影响到自己读书。记得幼时的她就在坟场玩泥巴，所以鬼魂不会给她带去恐惧，她那颗受伤的心才是恐惧和逃避的理由。

三毛在公墓里静悄悄读着书，尽管有时因为下雨而全身难受，但是起码有一个安安静静的处所。好一段时光里，除了耳边吹过的风，不再有任何的打扰，整个世界都仿佛是真空的了，而自己也仿佛失聪了——从来没有用耳朵认真听过什么。书中的世界却是"呼啸"着的，那里有欢笑，有泪水，有丰富精彩的生活，这对三毛来说就是全部了。

然而总是会有揭晓真相的那一天。三毛被父母接回家，在家中休养了一段时间。仍然没有放弃希望的父母又将三毛送回学校，但是结果却让他们再度失望——三毛仍然逃学。无奈之下，父母再也不逼迫她去学校了，让三毛在家中自学。在此之后，三毛彻底中断了她的学堂生涯——她终于解放了！

对三毛来说，这意味着一种彻底的解脱，全身仿佛卸下了万斤重担一般。而那以后，三毛更是一发不可收，没有了负担的身心读起书来更是迅速，她还用压岁钱给自己买了一个竹制的书架，自自在在读起了书。后来父亲干脆为她定做了一个专属的书橱，这让三毛感到万分快乐。

父亲为三毛买来了许多书，还给她讲解《古文观止》等典籍，没有同学竞争的压力，父亲教她背的古文也都记忆飞快，很快就掌握了。父母还给三毛买来了一些易懂的英文名著，如《小妇人》《小男儿》《李伯大梦》《渴睡乡的故事》《爱丽丝漫游仙境》《灰姑娘》等，三毛一面看一面学，也就渐渐掌握了英文。父母的爱在不言中，那时如果没有开明的父母，恐怕也不会有后来的三毛了吧，虽然他们始终不懂这个叛逆的女儿。

外力可以剪断她的翅膀，但是不能消除她飞翔的渴望。她用反抗，固执地守护着自己心里的所爱和想望，任何人也阻止不了她做自己。

陈家的二小姐，这个唯一叛逆的孩子，让父母伤透了心。对他们而言，这个孩子从小就像是走在轨外，一直没有沿着那条笔直的、正常的路在走。书香世家，姐姐后来在音乐方面有了不小的成就，弟弟们也都成了律师，只有这个孩子，这个二女儿，一直漂泊着，甚至没有一个正当职业。

可是又有谁知道、懂得三毛内心的坚持？她用自己的一生，坚持活着自己。她不虚伪，不做作，大胆追随着自己的心意，敢爱敢恨。学堂囚禁了她自由的灵魂，那么便不上也罢；父母的爱可以逼迫她重回学校，但是却无法让她的心走进学堂。

爱书成痴也罢，就干脆当个书奴吧，无论什么书，通通来看，书橱的藏书越来越多，房间也越来越好看。喜爱拾捡东西，那么就捡吧，从小弹珠到木头，通通带回家，当宝贝似的收集着，谁又能想到有一天自己的家也是靠拾荒装扮起来的呢？

然而另外一场风暴却在悄悄接近，毕竟解放了的是身体，但那灵魂却因此而一度紧闭。

山谷里的回声

不是所有的孩子都能幸运地快乐长大,就像有些花儿会先枯萎,有些人也在人生的一场暴风雨过后一蹶不振,几近凋零。

原本是个自由的灵魂,在学堂的那段时光,已经完完全全被囚禁了自由。就算三岁读书又如何,早熟的孩子更容易对一切产生怀疑。

如果她只是稍稍偏离了轨道,但在内心的指引下也能顺利抵达目的地;要不是那一场天崩地裂似的灾难让自己彻底停止了行进,以后的路也不会越走越偏离。

三毛得了孤独症。

如果全世界都不给自己开一扇窗的话,那么她宁愿自我封闭在自足的世界中,起码,这是自己的选择。那个正值豆蔻盛年、原本将要绽放美丽青春的姑娘,一夜间合拢了灵魂之窗,再也不愿面对阳光。在姐姐如愿进入了音乐师范学校继续自己的音乐梦想时，三毛却将自己的身体和灵魂囚禁在房间。窗户外面加铁栏，门上加上一把锁，从现在起，她要自己做主，不想再受别人的支配。她想在这一方之地，圈起灵魂的圈圈，这世界在她眼中缩小成她的房间，她的独立和自由就在这里呈现。

既然关闭了心门，纵然是家人也无法随意窥视她内心的秘密了。三毛起初尚且愿同家人同桌吃饭，但同龄姐弟们的谈话总是离不开学校生活，这对三毛来说无疑是另外一种刺激。于是在自闭的路上渐行渐远，如一位修行者，她把自己结结实实地"束缚"起来，把人生牢牢地攥在自己的手中，任凭外界的喧哗。

一个人的生活，没有玩伴，甚至没有父母相陪。本该在学堂里学习的生活被自己斩断后，三毛仿佛一步回归到一个独属于自己的空灵而神秘的世界。每个人都在繁华世间庸庸碌碌，好像也都那么充实而快乐，他们都有必须要做的事。然而此时的三毛，停下来的三毛才真正有机会可以冷眼旁观世界的模样，细细品味众生百态。这也为她今后文学生涯的开启暗暗埋下了伏笔。

当正午阒然无声只闻蝉鸣的时候，在这个适合做短暂休息的时刻，三毛才偶尔会出来，过一过除了读书外另一种单调的生活，而这对于她，已经是难得的活动了。

一圈又一圈，听滑轮鞋的声音在院里的水泥地上刺刮着自己的耳膜,就算是与自己的影子做一个追逐也罢,反正只能永不止境地转着这个圈,好似永远都是原地停止的循环。三毛想,这一切就如同自己的生活,一切不过是一圈又一圈地重复。白天,永远不敢让自己暴露在众人的目光里,哪怕一分钟也不可以;也只有在天将黑而没有完全黑透前,才敢怯生生地投身到这个真实的世界中——彻底的黑夜也是令人恐惧的。

那时家附近有一条长春路,平时很少有人去,一条又一条粗长的水泥筒在漫漫青草间横躺着,这是三毛的独属空间,她喜欢与自己捉迷藏,进出在冰冷的水泥筒间,这让她感到安全,又觉得有趣。

天黑了,重重的浓雾阻隔了前行的路,三毛总期许着迷茫中一抹微弱亮光,给"迷路"的她聊以安慰。而每当此时,总让人想起舒婷的一首《赠别》:人的一生应当有/许多停靠站/我但愿每一个站台/都有一盏雾中的灯。

雾中的灯,它本身的存在就是莫大的安慰啊!

七年的时光,三毛曾紧紧锁着心门,不放任何人进来,也不轻易走出去,就像那把上了锁的卧室的门,她的心亦是上了锁的。从豆蔻的十三岁到如花的二十岁,除了书,她一无所有。她是孤单的,而她又是丰腴的。犹忆起《红楼梦》里妙玉的判词:可叹这,青灯古殿人将老,辜负了,红粉朱楼春色阑!雨季花季,她一直没有盛开,只是默默,也许就像那朵传说中的七色花,积蓄着能量,只等那一天惊艳地绽放。

"活不下去了，救我、救我、救我啊！"这是她一声发自内心的呼喊，她太需要有个人来帮她一把了。然而尽管电话那头的"生命线"耐心劝着，却也拯救不了那颗已经到了地狱边缘的灵魂。痛苦，已经到了一个极限了，要解脱，不要再继续痛下去了！割破左手腕动脉，就让血来释放自己的压抑和痛苦吧。年轻的三毛第一次选择了自杀。

　　可是就连苍天也不忍直视，她不应该是这么痛苦活着的，这样一个充满灵气、爱的女孩子，要给她快乐的生活才行，她还没有尝过这人世间的甜，怎么就能这么轻易地将她收回！三毛的父母及时发现并立即将她送往医院抢救，终于她回来了。为着父母哀哀的请求，为着那已经被缝了二十八针的手腕，三毛妥协了。

　　可是，长期的自闭以及内心解不开的死结让三毛的脾气变得很坏，尽管父母带她看了心理医生，也吃了不少药，可是内心的伤痛依然无法治愈。她是一只黑羊，注定了叛逆。三毛被心理医生测量完智商——接近于低能儿的六十分，她彻底放弃了自己。与父母顶撞，叛逆；和弟弟们打架，而且手下毫不留情。这样的孩子，几乎在这个世界里彻底迷失了自己。

　　她叫自己ECHO——古希腊神话里的一位山林女神。她像是回声，她狂恋着水仙，她充满了哀愁。

　　三毛走不出自己的"圆圈"，里面圈住的都是痛苦的过往，是受辱的经历，是极度的自卑，是巨大的压力，更是一整个孤独的身心。转啊转,她转成了一个小小的旋涡——不仅吞噬自己,更破坏周身。也许真的出不去了吧,也许真的回不去了吧,这个轨外的孩子,也早已放弃了继续前行,原地转起了圆圈。

　　是该有一盏雾中的灯出现了,是该有一双温暖的手拉她一把了。她内心呼唤着,却早早放弃了希望。

第三章

生有热烈，藏于俗常

她又"恋爱"了，先是与书和文字，再是与图画。
这色彩缤纷的世界，如何能不让她欢喜呢？
眼里一旦有了缤纷的色彩，生命又怎会再黯淡无光？
从此以后的三毛，已经渐渐走出了生命的灰色调，
生命里开始有了色彩鲜艳的颜色。

心动毕加索

一个充满灵性的女孩子,对美的事物总是分外有感觉和有天分。说这是老天的偏爱也不为过,毕竟,拥有一双善于发现美的眼睛和一颗能够感知美的心灵,该会是多么让人欣赏怜爱。

书中的文字是需要知音才能领会到其中的妙处的,而对于画作,则是一眼之念的事。

少时的三毛,遇到的第一幅画便是出自毕加索,几乎都没有任何悬念似的,三毛惊遇知己般就把心交付给了他——没有人能比他更懂自己了,那画里的世界、画里的人,不就是活生生的自我写照吗?在那样一个懵懂的年纪,三毛甚至暗暗在心底想到要将她当时最珍贵的东西——贞洁,献祭般地奉献给毕加索。

记得在开始读《红楼梦》的那一年,三毛因着一位驻军少校房中的一幅画，便爱上了美术。那时的她非常喜欢玩单杠，常常倒吊着，大幅度晃着，直到流鼻血才会意犹未尽地下来。而那一天的三毛也是因着机缘，一位恰巧路过的少校看她可怜，便带她去回宿舍为她擦去脸上的血迹。小小的三毛被他挂在墙上的一幅美丽的少女素描像深深吸引了。她说自己当时的感受："那是一场惊吓，是一声轻微低沉的西藏长号角由远处云端飘过来，飘进了孩子的心。那一霎间，透过一张画，看见了什么叫作美的真谛。"《红楼梦》的白茫茫大雪让她懂得了什么是美的艺术，而这幅画则让三毛看见了美的真谛。

很长一段时间，她常常往少校宿舍跑，不进屋隔着窗户望着，她的心已经被那少女像征服了，就像是被下了一种她日后曾在加纳利小岛上听说过的、让人产生爱情的蛊，无法自拔，见不到时像疯魔一样，见了后却又因着"她"的美而落泪。后来少校走了，带走了那幅画，而那画上少女的笑靥却在一个女孩子心里留下了难以磨灭的印象。

三毛的梦想从来都是当个画家，至于作家，她是想都没有想过的。而真正和自己梦想靠近的时候，真正到了她手握画笔的时候，却是在一场人生的大灾难后。那时的她，自闭内向，封闭着一切，拒绝着一切。也许她自己也没有想到，竟然会在这五彩斑斓的线条中重拾人生的精彩。艺术之美不仅在年少时触动了她的心，更是在往后的时光里安慰着她那颗孤寂的心。

在她偏离生活轨道的那段时光里，曾经是那么急切地希望有人来拉她一把，拯救她。而她的呼喊，也终于被听到了。这个人，正笑靥盈盈，款步朝她走来，伸出了一双温暖的手，将她拉出了地狱般黝黑的深渊。

顾福生，三毛人生中一位她不愿意用文字来描述的恩师，因为恩情太过深重她彻底地改变了她的人生，而他们的相遇，也是一次机缘。三毛人生中有太多的机缘，细细回想起来，每一次的人生选择都决定着人生的方向；若没有这些机缘，一切绝不会是现在的模样。

这次机缘起于姐姐生日时的小意外。姐姐陈田心邀朋友来家中玩，其中一个叫陈骕的男孩子，说要给大家画一场战役。就在白纸上，战马嘶嘶，吼声震天，焚烧着的篷车和倒下的战马登时在纸上活了起来，就连当时极度封闭、不肯与外人打交道的三毛，也都被深深吸引，在众人散后偷偷看了个够。后来那个男孩子告诉三毛，他的老师叫顾福生，是画油画的。就这简简单单的几句话，激起了三毛如死水般内心的波澜，她冰封的冬天开始解冻了。

她知道顾福生是"五月画会"的画家，但是那些人都是远如繁星般的存在，而如今，为着一幅画，抑或是为着自己心中不死的一个梦，她要叩响那天幕的门了。

"短短的路，一切寂静，好似永远没有尽头，而我，一步一步将自己踩回了少年。"三毛如是描述着自己初到顾福生家的情景，那等待时的心情，是用"惊惶"来形容的。就在她想要退缩的时刻，那个人，她终生的恩师，却笑吟吟出现在了她的面前，温暖如春天。三毛对着他微笑着伸出了手，跨近一步，但那一步，却让二十年的光阴飞逝而过，最终让岁月流逝得了无痕迹——她仿佛又变成了那个七年前的孩子，依旧情怯。

顾福生和三毛的第一次握手在当时是那么顺其自然的一件事，但回想起来，却如同深渊中垂下的一根救命绳索，将她从自闭的深渊里拉了上来。顾福生微笑着对三毛讲话，没有严厉没有紧张，那一瞬间三毛便知道他是懂得她的人了。她那囚禁了的岁月，那一圈又一圈的心锁，那没有意义的向街的大门，那在街上没有可走的路，那无声的世界，便在这一瞬间远去了，而三毛的世界里重新有了期待，有了希望，有了声音和色彩。

从画室回来的那天，第一次，三毛急切地要母亲给自己买用作擦炭笔素描的新鲜馒头，怕是晚了就买不到了，那份焦急和期待的心情却是那么恳切。

三毛第一次接触的是素描。顾福生没有过多的言语，只是让她看，让她自己画，不希望一下子就框住她。但是三毛对这黑白的世界感到很困惑和沮丧——她完全画不好，笔下的东西不能成形，在两个月的挫败后，她再一次萌生了退缩的想法。顾福生总是有无尽的耐心，语气永远那么温和，就算是得知她要退缩，也仍然不愠不火，询问她哪一年生，轻描淡写地说着："还那么小，急什么呢？"接着，他带她看了自己画室里的油画作品，那之后便开始教三毛改画油画了。他要用缤纷的色彩，让这个少女内心斑斓起来。

不仅如此，顾福生还鼓励三毛读书（尽管三毛已经是个书虫），借给她各种读物和杂志，不同于以往的名著，都是一些她没有听过的人和各种主义，但这些读物却让三毛看痴了。再次见面，三毛完全是另一副样子了，面对一颗似曾相识的灵魂，她的心完全打开了。那就画油画吧，在斑斓的油料色彩中，三毛用画笔挥洒着自己一直以来的郁结和痛苦。她的心活泼了，生命如春天般蓬勃起来，释放了自我后，生命里瞬间出现了曙光。

她又"恋爱"了，先是与书和文字，再是与图画。这色彩缤纷的世界，如何能不让她欢喜呢？眼里一旦有了缤纷的色彩，生命又怎会再黯淡无光？从此以后的三毛，渐渐走出了生命的灰色调，走进了五彩斑斓的人生。

青春的红舞鞋

安徒生笔下的红舞鞋,是鲜艳夺目也是残酷的。名叫珈伦的小姑娘喜爱这双红舞鞋,它让她那贫穷的过往被这鲜艳的色彩所遮盖。尽管收留她的老太太将红舞鞋收了起来,但也没能阻止珈伦穿上的欲望,于是她穿上这双美丽的红舞鞋跳舞,一直跳一直跳,从白天跳到黑夜,从田野跳到草原,在雨里和太阳下跳,直至筋疲力尽不得不被安琪儿砍去双脚……幼年的记忆里,这是和鲜血掺杂在一起的故事。

三毛的青春,也是从一双红舞鞋开始的,只不过,这段故事却是那么惊艳和欢欣,没有什么残酷的惩罚。

早在这双红舞鞋出现前,三毛就曾一度痴迷于鞋子,只不过后来的那次自闭经历让她对一切暂时失去了兴趣。三毛幼时爱穿的是布鞋,小小的鞋子承载了她太多欢乐童年的记忆,那轻盈的脚步伴随着笑声让她一路成长。孩子的眼里，舒服的便是最好的，尽管母亲后来为三毛买了一双时髦的皮鞋，三毛还是固执地拒绝了，因为皮鞋穿起来硬邦邦的。后来三毛换上了白球鞋，这种舒服又方便的鞋子也有布的材质，让她觉得更接近大自然，身心也得到了放松。当时，三毛最常穿也最爱穿的是球鞋，皮鞋总让她觉得万般不适。

从顾福生教她学画开始，三毛的人生已经有了一个大转折，一直以来单调的灰白占据着她的生活，直到它们被那些五彩的画笔涂抹上了色彩。她紧锁的心门被打开了，那封闭的世界开始有了光亮。

那还是在学画时，披一身黄昏的霞光，三毛提着油污斑驳的画箱下课回家的路上与四个如花似玉、娇娇滴滴的女孩儿相遇。相互间的彼此打量，让三毛第一次意识到除了自己以外的存在——原来还有和自己不一样的美丽的姑娘！后来三毛才知道，她们是老师的姊妹。美这种东西，一旦触碰到内心便一发不可收，先是在书本里感受到的美，然后是画作中的强烈的美，再后来，是这四个美丽如天使般的姑娘的出现。这一次，三毛注意起了生活中真实存在的美，也是从这时起，她开始打量起自己。

坐在三轮车上，三毛低头看着自己的素淡衣服，再回想着那让人目眩神迷甚至是惊鸿一瞥的四个如花的女孩子，第一次有了丑小鸭在白天鹅面前的自卑。在她以往的世界里，她似乎忘记了如何审视这个世界，忘记了如何发现周遭的美好，蓦然回首才发现，原来自己错过了太多太多……

唯一的姐姐性格安静，读书用功，从来不注重穿着，而从小埋头书堆的三毛也从来不在意着装。但是如今，意识到自己原来也是和那四个"安琪儿"一样年纪的女孩子，三毛不禁注重起了穿着，于是，她羞怯地告诉母亲，她要打扮了。

人生中第一次由自己选穿着，在对色彩的渴望中，三毛的目光停留在了一双淡玫瑰红颜色软皮的皮鞋上。就像第一次被颜色吸引住、照亮了生命般，这双红色的鞋子瞬间让三毛的世界充满了色彩——真的是身上真实存在的色彩！没有路走的人原本不需要鞋子，那感觉就像人鱼公主的尾巴第一次变成了双脚踩在地上，每走一步都会有疼痛，可是，三毛心中却是欢喜非常的。三毛穿着这双红舞鞋，喜欢到不愿脱下。

三毛后来说，那是她第一双粗跟皮鞋，也是她从自己藏着的世界里甘心情愿迈出来的第一步。穿布鞋还是皮鞋已经没有关系了，因为鞋子被赋予了深层的意义：布鞋、球鞋贴近自然，但是现在皮鞋能带她贴近新的生活，自然又是另一种喜爱了。

拥有红舞鞋仿佛产生了狄德罗效应，总是希望有美的、相配套的东西来配它。首先是衣服。可是那时的家中还没有宽裕到买得起进口服饰，三毛认为美丽的衣服父母也是不会轻易买给她的。可是，对新衣服的欲望是这样强烈，以至于第一次偷偷穿了由母亲转交给别人的一件衣服。那是一件淡绿的长毛绒上衣,加上那双红舞鞋,这是野兽派画家马蒂斯最爱的配色,三毛爱极了。

穿上新衣的三毛第一反应不是先自我欣赏,而是和白天鹅相比——看,三毛终于不再是一只丑小鸭了啊!可是,穿着新衣跑到画室的她,在自以为最美的一刻,却没有碰到她们。接下来在画室的时光差点变成挽回不了的灾难——尽管再小心,衣服前襟上还是沾上一块油彩。为着下午就要送过去,着急之中的三毛"剪草坪似的"将那一圈沾色的长毛给剪掉了。那个曾经什么都不在乎、什么都不感兴趣的三毛,竟也会为了一件新衣服急得手忙脚乱。

不得不说当年的那间画室,确实是个神奇的地方,那里不仅给了三毛心灵以色彩,更是让她真实的生活中都充满了色彩,将她滋润灌溉成了夏日的第一朵玫瑰。自那以后,三毛关于爱和美的幻想就萌发了,并且变成了文字,又变成了铅字——她幻想了一个爱情故事,投给《中央日报》,过不久刊了出来。而又在那之后的流浪时光中,在万里之外沙漠里的家中,三毛将那小小的寓所装饰成色彩斑斓的"城堡"一般。

青春,因着一双红舞鞋而热烈地绽放了,三毛跳啊跳,这双鞋子带她跳出了自己压抑灰暗的童年,带她跑出了那如同墓地一般寂静的无声世界,更带她闯进了人生中充满活力和激情的"舞会"。她的世界开始了舞蹈,开始有了音乐,开始有了色彩。

和那个被砍去双脚的不停跳舞的叫珈伦的小姑娘不同，三毛不骄傲，不虚荣，相反却是那么的自卑、失落。安琪儿祝福着她，亲自将这双红舞鞋机缘巧合般送到她面前，教她走路，教她跳舞。这双红舞鞋曾让一个骄傲虚荣的姑娘丢掉了双脚，也让一个自卑自闭的女孩儿开始了舞蹈，这惊艳而危险的存在，在三毛，只是破除了那虚妄危险后的美丽存在。红舞鞋，弥补了她那一段空白的青春时光。

有幸相知,无幸相守

总有那么一个人,曾经深深地爱过,却无法相守走到最后,仿佛一个魔咒,只能是有缘无分。面对心底里的初恋,有多少人能释然不带半点伤感?

三毛的青春来得晚了些,从初中那场人生的大转折开始,她已经将自己的时光冰冻了起来,这一"静止"便是七年。七年之中,所有的一切都是灰色的,所有的一切对她来说无半点儿意义;七年前,刚刚萌生的对异性的别样情感也是无疾而终;七年后,因着顾福生的出现,三毛的世界开始慢慢打开,被她冰冻起来的时间也渐渐解冻,开始了正常流转,又因着一双红舞鞋,她才开始踏入了自己晚到的青春。

然而,青春的故事里,总是要有那么一个人出现的,否则这场青春盛宴总会留有一丝遗憾。期待的心不会因为打击而停止跳动，反而因为磨难而更加渴望得到。

初中中断了读书生涯的三毛，在走出自己世界的阴影后，竟意外得到了上大学跟读的机会，成为文化学院第二届的学生。

热爱文字的人，总是更能青睐甚至崇拜赋予文字以生命的人，所以当那位大名鼎鼎的才子出现在三毛的生命里，她心中的火焰立即就被点燃了。

他是戏剧系的一个男孩子，比三毛高一级，但名声却很盛——读大学不久就已经出了两本书了。这位才子叫梁光明，有一个很好听的笔名叫舒凡。几乎是没有一点儿悬念的，读到了舒凡的文章后，三毛便深深爱上了。他的文章写得太好了，让她震惊和感动。

舒凡和三毛一样又不一样：一样的是他们都不是纯大学生，不一样的是彼此各异的经历。舒凡是在当过兵后才来读大学，以前还做过小学教师。但是这些都没有他的文章吸引人，那是可以让三毛对他如同英雄般崇拜和仰慕的。这已经不是面对匪兵甲时产生的朦胧少女情绪了，她的心告诉自己，愿意把一切都给这个人！

一个如此优秀出名的才子，追逐的人肯定不止三毛一个，但三毛却是他见过最执着和有勇气的一个女孩。

她已经无可自拔地爱上了他，她要见到他，所以她总是跟在他走过的地方，从教室到小面馆再到公交车上，竟一直跟了三四个月。这样的每天碰面,两个人都已经很面熟了,三毛期待着舒凡会主动跟自己打招呼,可惜他却总是视若无睹。三毛的心受着爱情热烈的焦灼,第一次深深地为着一个人而受煎熬,可是这在一开始却是一场单方面的相思和暗恋。

三毛喜欢他喜欢到无所适从,跟随他却仍是无果,舒凡有他的骄傲,并不会放下身段来刻意接近这样一个默默无闻的三毛。三毛始终只是一个局外人。

也许爱文字的人自会因为文字而结缘,在三毛连续发表几篇文章后请客的时候,舒凡出现了。他被同学们叫过来一起聚餐,而作为主人的三毛也终于有了和他面对面的机会,可是这却只是一刹那而已。举杯喝过酒,舒凡一句话也没有和三毛说,便转身与其他同学干杯共话了。

被那么喜欢和在意的人忽视,三毛的心中充满了挫败感,但是她却不肯承认舒凡的无视,硬是把这躲闪当作重视的表现,不然为什么他不和三毛大方地拒绝呢?三毛这样说服着自己。

如果两个人注定有缘,那么上天总会给他们制造相遇相识的机会。就在大家散了后,独自在操场上走的三毛赫然发现了不远处的舒凡。

就在那一刻,时光飞速交织着,也许是她想起了和匪兵甲之间的遗憾吧,也许是她真的太喜欢他而不愿意错过了吧,那一刻的三毛决定主宰自己的幸福,踏出这勇敢的一步后,世上有了一个敢爱敢恨的三毛。

心情虽然紧张,但是气氛却是无恙。在四目相对无言的短暂沉默后,三毛从舒凡的衣袋里取出钢笔,将他的一只紧握的手拿了起来,摊开,在掌心上写下了自己家的电话号码。那一刻的三毛紧张幸福却又释怀,转身后的她,眼泪却扑簌簌地掉了下来。曾经那个自卑闭塞的女孩儿,曾几何时却肯为爱勇敢了呢?

有了这大胆而又让人万分紧张的举动后,三毛也无心再上课了,干脆逃了下午的课,回家守着电话,只要电话一响就喊道:"是三毛的!是三毛的!"而她的等待竟奇迹般地没有落空,舒凡真的约了她,晚上七点钟在台北车站铁路餐厅门口见面。

三毛赴了约。人生中第一次的约会,便是和自己仰慕已久的人相会,她快乐得不能自已;而更让她感到幸福的是,他们走在了一起。

那以后相恋的时光里,每当他们在学校中走过,便会引来其他人的羡慕和祝福,这一对才子才女在一起了是多么美好的事。

往后的日子,甜蜜幸福,恋爱时光伊始总是风和日丽的。但是没有多久,两个人便发觉日子开始变得平淡了。每天,一样的散步、吹风和淋雨,又总在一成不变的那些地点,岁月似乎就在这些平淡安然的踱步中悄然溜走了。

三毛是个重情的人,也是一个"热情"的人,更因为舒凡马上要毕业了，她的心开始变得焦灼不安，开始莫名情绪不好，还会因着舒凡表现出的好心情而觉得刺痛。终于，这根紧绷的弦受不了压力了，三毛决定要一个结果。

"你毕业，三毛休学，两人一起做事，共同生活，总可以吧？"三毛固执地说着，希望舒凡给出自己一个承诺，希望他能够娶她。然而舒凡是十分现实的人，既不想拖累三毛，也不想在自己事业未立足之前安定下来，总是婉言相拒。

舒凡不能理解三毛心中那如火般燃烧着的爱，那么炙热，甚至不惜烧毁自身。三毛心知舒凡不能给她一个承诺，但是她要试一次，哪怕是"恐吓"也好，一定要他给一个答复。

三毛告诉舒凡她有朋友在西班牙，要是他毕业后不再和她在一起，她就出国去。其实她在国外根本就没有什么朋友，甚至一个人也不认识，这一切不过是个幌子而已。

三毛用出国的借口来让舒凡妥协，她把所有的筹码都压在了上面。而当签证和手续全部办好后，两个人却都不知怎么办才好了。临走的前一天，她仍抱着一线希望，告诉舒凡："机票和护照三毛都可以放弃，只要你告诉我一个未来。"

可是，她没有未来了，没有舒凡存在的未来了。向来冷静的他，自然会做最理智的决定。两个人深夜里听着收音机，在三毛的逼迫下，舒凡不说话却流下了泪。

舒凡和着收音机给三毛唱了一首《情人的眼泪》："为什么要为你掉眼泪，你难道不明白是为了爱？要不是有情人跟三毛要分开，三毛眼泪不会掉下来，掉下来……"

三毛的眼泪再也止不住了，而舒凡跟她道了声"旅途愉快"。

都结束了，一切都结束了，没有未来了，没有舒凡存在的未来了。三毛知道，这一次，以后的路只能她一个人孤孤单单地走了。既然这是个伤心地，那还不如离开吧。只是感情再也抑制不住，她扑过去对舒凡又哭又叫地打着，所有的一切就这样结束了！

缘已尽，情未了。婆娑泪眼相望，眼前的情郎早已不是当初的模样，一切恍若隔世，挚爱已成陌路。那些逝去的岁月再也不会回头了……

而那之后，三毛人生中的雨季也终于画上了一个句号。经过爱情的洗礼，三毛终于成长起来。虽然这是不得已的成长。

"我会再度看见阳光驻留在我的脸上，我会一遍遍地告诉自己，雨季过了，雨季将不再来。"舒凡与三毛了断得那样决绝，生命之中的第一次真正爱恋就在现实生活的桎梏面前默然叹息。

结果已经无法改变，就只好让它随风而去。尽管不知明天是什么模样，但昨日的悲喜依然镶存在记忆之河。是不是总有那么一个人，注定只是在生命里停留一刻，然后便离开了呢？三毛不知道，但是却因为爱再一次改变。她不再羞涩自卑，舒凡给了她自信和属于自己的美丽，他们在一起的两年多的时间，足够让一个自认为是丑小鸭的女孩子变成白天鹅。

有些人，相知却不一定相守，但是初始生命中最重要的一抹光芒。这应该是一种很痛的领悟。

另一场繁华

每一次伤痛之后便有一次成长。时间是一件神奇的东西,它能改变人的容貌,更能洗涤人的心灵。

三毛自己曾说,当三毛还是二毛的时候,她是一个逆子,她追求每一个年轻人都在追求的那份情怀,因此,她从小就不在孝顺的准则下去做父母要求她去做的事情。即使用"离经叛道"来形容那时的三毛也并不夸张,为什么在十年之后,却成了一个对凡事有爱、有信、有望的女人?在三毛自己的解释里,总脱不开"时间"这两个字。

对三毛来说,十年来,数不清的旅程,无尽的流浪,情感的坎坷,都没有让她虚度珍贵的青年时代。这样如白驹过隙的十年,再提笔,笔下的人,已不再是那个悲苦、敏感、浪漫而又不负责任的无知少女了。

有人说，时间是件恐怖的东西，它能带走美丽的容颜，也能带走美好的记忆。时间能让现实面目全非。但时间又是件好东西，它能沉淀过往，治疗创伤，经过时间的洗礼，真实的更加真实，虚伪的也将被揭穿。

回首三毛的整个青涩时期，首先跃然纸上的就是三毛当年的受辱事件，在今天看来，可能只是很伤自尊的一件小事，过后也就算了。可对于当时的三毛，却不能承受这份重量。

后来的她会选择勇敢的反抗，就像她在西班牙留学时，受到欺负后的勇敢反抗。

但是，当年那个小小的少女，还太稚嫩，没有各种经历的积淀，她还什么都不懂，是一张纯净的白纸，数学老师的那重重的一笔，把三毛这张白纸完全涂黑了。重重砍在三毛心上的一刀，可以说就是这一刀毁了三毛的整个青春，让三毛坠入了黑暗的深渊。

顾福生的出现，给她黑暗的世界带来了一缕久违的曙光，也把她带回了正常人的世界，才能让我们看到一个成熟勇敢的三毛。三毛对顾福生的感情是很复杂的，爱慕有之，崇拜有之，感激亦有之，在三毛的内心深处，顾福生始终占有一席之地。

是顾福生让三毛在以后的日子里重新拥有了美丽迷人的笑容，也是顾福生塑造出了那个令许多男人神魂颠倒、为之倾心的自信独特的女人。

世上本没有完美的事，再奇的女子，也要在人间烟火中寻找情感的寄托。她迷上了舒凡，也确实是痴恋，痴到连自己都被放逐了，初恋总是幼稚、不成熟的，结局也往往是让人遗憾的。

而三毛又是极特殊的一个女孩子，刚从自闭的角落里走到阳光下，还不能适应阳光的温度，不懂怎么去爱人，更不懂得怎样才能拥有爱情。

三毛喜欢舒凡，喜欢到不知该怎么办才好，只能舒凡走到哪儿，她就跟到哪儿，无时无刻不想跟在舒凡的身边。女孩子总是特别喜欢黏人，三毛更甚，似乎只有这样才能表达她的喜爱之情。但是，爱情也需要彼此的自由空间才能生存，三毛爱得苦，舒凡被爱得也很苦，三毛的爱，就像一根捆仙绳，紧紧地束缚着舒凡，令舒凡感到很不舒服。

当三毛用出国威胁舒凡结婚的时候，那根捆仙绳就紧紧地扼住了舒凡的咽喉，舒凡不能呼吸了，他们的爱也没有了赖以生存的氧气，奄奄一息，终于用一句"旅途愉快"结束了他们一年的感情。三毛也因为感情的打击，逃到了国外。也正是这次感情的失败，才让三毛真真正正地成熟起来，在这以后，三毛不再是那个敏感而脆弱的女子，她变得理智而坚强。

第一段感情是一个画家，少女时代的三毛对艺术和有艺术气质的人非常崇拜，所以让她盲目地相信了他们的爱情。

三毛怀着一片赤诚之心，去爱着那个画家，总以为他就是那个对的人，是能陪伴自己走一辈子的人，是能为自己排忧解难的人，是能为自己撑起半边天的人。

可是，现实给了三毛重重的一巴掌，三毛还是太年轻，太愿意相信人，纯真到相信爱情能够克服一切，而她看不清这个男人的真面目。于是，最后的最后，残酷的事实摆在了三毛面前。

路遥知马力，日久见人心。那个她爱的男人是个彻头彻尾的骗子，欺骗了她的感情，让她在所有人面前狠狠地丢了一次脸。现实给三毛上了生动的一课，让三毛迅速成长起来。

祸兮福之所倚，福兮祸之所伏。正因为早年的这些丰富的经历，三毛在往后的人生路上才能够且行且从容。或许在很多人眼里，三毛早些年的经历过于坎坷，殊不知，正是这些，才能让三毛快速地从一个"离经叛道"、自闭敏感的女孩儿，成长为那个"我知道，我笑，便面如春花，定是能感动人的，任他是谁"的自信女子。

有的时候，经历多了，计较就少了；感受多了，不能原谅的就少了。当我们经历过许多之后，就不会为一些小事斤斤计较了，也不会因为一点儿小事念念不忘，钻牛角尖，自己为难自己。每个走弯路的人，都是有故事的人，都是洒脱的人，看开了，人就像是通关了的英雄，整个人都达到了一个全新的高度和深度。

上天从来都是公平的，得到了什么，就要舍弃些什么；舍得了什么，就会得到些什么。没有人能不遵守上天的法则。曲折的道路不会阻碍前进的脚步，相反，会让人看到更多美丽的风景。

第四章

与你同行,不介路远

三毛不敢把彼此六年的青春赌在一个缥缈无期的约定之上。
她侧过泪痕打湿的脸庞,狠心告诉荷西,以后不要再来找她,
自己也不会等他六年,因为六年后她也不知道会在哪里。
虽然喜欢这个男孩子,但是三毛是不会轻易给任何人一个承诺的。
在三毛眼里,承诺便是再也不能解下的枷锁,是一定要践行的。

西班牙的东方公主

这是三毛在任性之下来到的地方,但就好像一切都是冥冥之中注定了似的,这座浪漫之国一直静静地矗立在时光轮回中。冥冥之中,它在等待着一个东方女子的到来……

不管是否因着修补她那颗失恋的心而来,西班牙对于三毛来说,都是一个浪漫的选择,是一种别样的挚爱,特别是后来当她留学结束,回到中国台湾而再度来到西班牙时,几乎是带着一种乡愁般的情绪了。她与西班牙结缘,甚至把一生的幸福都赋予了这个第二故乡。

西班牙是三毛一个人生中大转变的开始,也是另一个大转变的结束,无论她漂泊了多少地方,到这里总是流连。这里有她梦中的橄榄树,是让她魂牵梦绕的地方。

三毛喜欢西班牙的风景,每一处都让她沉醉不已,带给她独特的异国体验。在这里，三毛是西班牙的东方公主，她快乐而尊荣，仿佛这里是她的国度。

作为一个有着拾荒梦的女孩，三毛对一切旧货都青睐有加。西班牙的马德里旧货市场就是一个让她分外钟情的地方。

旧货市场只在星期天有集市。每到星期天，三毛就会起大早，花上半小时徒步到那里。这是西班牙最负盛名的露天市场之一，面积庞大，占了十几条街道，售卖的物品从新到旧一应俱全。在这里逛街不仅可以淘到好多东西，就连走在其中都会增长见识。这里有马德里最浓郁的人文气息，欢快而舒畅的氛围，让人分外兴奋和开心。

因为是旧货市场，所以整体的物价水平不高，往往可以用很低的价格买到独特的东西，包括设计新颖、有独特款式的衣服和配饰，或者是各种稀奇古怪的小玩意儿。

这种探险一般的新奇旅程让三毛深深地着迷。三毛不愿意把她的淘宝行为称作节俭，毕竟出于兴趣，无关钱财。

对一个虔诚的基督徒来说，教堂是除了家以外另一个愿意长久流连的场所。三毛也是这样一个虔诚的基督徒。所以在西班牙，马德里的教堂自然成了她常去的地方。教堂在旧货市场的不远处，所以每次逛完集市，三毛总是跑去教堂，却什么也不做，只是安安静静闭上眼睛坐着。教堂里不时演奏着古老的管风琴音乐，伴着这音乐她沉浸在自己的情绪里，思绪飘出好远好远，三毛感觉自己仿佛置身于另一时空之中。

当时的三毛还在马德里的大学留学，进修于哲学系，为期两年。当时，这座西班牙元老级的沧桑名校已经有七百多年历史了，一向是作为欧洲精神文明支柱的存在。

三毛选择修读哲学系不是出于什么利国利民的伟大理想抱负，只因自己曾听过一张西班牙的古典吉他唱片，那动听优美的音乐引发了她无穷的想象，那里有蓝天、白云、田园、牧场和村庄，让她分外动容，认为是哲学的境界；另一个原因则是出于能够从那里获得安慰，将那一份哲学里的苍白去掉，也顺便将她心中那失恋的苍白抹去。

但是三毛是个天生爱画的人，当她从失恋的阴影和伤痛中走出来后，哲学对她来说反而没那么重要了。于是，她选修了艺术课，但是很快她便不满足于课堂上所讲的那些知识，希望能够亲自出去走一走、看一看。

三毛去普拉多博物馆是偶然也是必然。作为世界上藏画最多的一个美术馆，普拉多博物馆拥有着数不尽的艺术珍品，这对三毛来说是个极度的诱惑。虽然当时逃课出来看画是一时的冲动，但是到了这里后，她觉得一切值了。

对三毛来说，普拉多博物馆是一个"美得冒泡泡"的地方，这里有大画家哥雅、维拉斯盖兹、波修、葛列柯艾等人的画作。这里是她的第二课堂，所以对于逃课她不再有负罪感，于是出了宿舍就安然地奔向博物馆。后来三毛连自己主修的哲学课也不怎么去上了，干脆管同学借笔记来抄。

三毛钟情毕加索，而她不知道的是，毕加索在马德里上学的时候，也是经常逃课去普拉多博物馆看画。虽然没有成为毕加索的"另一个女人"，但是两人的性格中狂热随性的部分却是那么相像。这在另一种程度上，也算是圆梦了吧。

在马德里上学的三毛，带着中国一向谦和有礼的态度，对室友很客气友好，甚至会帮她们主动铺床和搞卫生。但时间久了，她的室友们便对这一切习以为常，还经常差使三毛，不管她手头是否在忙。这一切让三毛觉得痛苦极了。她们不是中国人，不知道什么是礼节和礼貌，所以三毛中式的行为处世法则对这里来说是完全不适用的，她终于意识到问题的所在了。

只有自己抗争才能让别人认可，三毛不得不抛弃以往的教条，开始适应新的生存法则。她和室友大闹了一场，既然西风不识相，那么便不再退让吧。

从那以后，她得到了应有的尊重，性格也从自卑闭塞变得泼辣了。用她的话说，自己已经从那个多愁善感的林妹妹变成了泼辣的凤姐。这一切都是环境改变的。她用她的方式替自己赢得了人生中的第一次战役，这一战便成名，她成了这里的东方公主。

三毛在西班牙的经历给她打开了人生的另一种可能，那就是与以往完全不同的生存方式。她是对的，在父母的溺爱保护下自己永远也不可能有独立的人格，一切都需要亲自历练才行。

现在三毛独自站在这片国土上，独自抗争着，在风雨的洗礼下，她这只曾经折翼的雏鹰变得双翼有力了，她开始拥有了飞翔的能力和抗争的能力，开始装备了一层铠甲。

学校里有一段时间，有情歌队总到三毛宿舍底下唱情歌，总有一首歌是指名要唱给"Echo"听的。当浸在阳台月色中的少女沉醉其中时，生活也似乎为她打开了一条新的幸福道路。她是被宠溺着的。

三毛开始交往异国的男孩儿，虽然每段感情都短暂，却让她看清了很多事，知道了什么适合自己、什么不适合自己。三毛开始有了精彩的生活，但是她一直守着内心的那份纯真和界限，决不让那些奢靡的生活方式和随意的性态度侵入她那独有的领地。

三毛认真交过一个男朋友，他是一个严谨的德国人，用他刻板的方式爱着三毛。比起三毛，他更爱自己的理想和事业，梦想成为一名外交官，并且为着这个目标而刻苦努力着，很少有时间来陪三毛。他甚至还觉得，三毛应该更努力才是，这样才能有资格成为一个外交官的太太。

可是太过刻板的人是接近不了三毛的内心的。三毛不想要做什么受人瞩目的外交官太太，她只想要一份爱情，一份能够相濡以沫的爱情，有着炽热的爱的温度的爱情。所以，她和他分手了。

这位有着独特魅力的东方公主，是高傲的，可以远观，但拒绝亵渎。

几度风雨飘摇

有些人的脚步注定匆匆，总有那么一个理由让他无法在同一个地方长久停留。马德里读书时认识的那位德国男友便是三毛再度离开马德里的原因。那段时间，男友要回国，三毛便申请去了西柏林读书，修读于歌德学院。

如果一开始是为情，那么之后的日子便是三毛另外一场修行。

在德国，三毛遇到的第一个问题便是语言障碍。课业的繁重，对于才到德国不久的三毛来说，更是雪上加霜。那段时间，三毛的时间严重不够用，加上德国特有的严谨，使得她总觉得背后像是被人用鞭子抽打着前进似的。

逛百货商场是三毛在青年时代的一大喜好，在马德里时她也会常常利用课余去逛几圈；到了德国后，繁重的课业使得她只能早上挤一点时间,在上学途中提前一站下车然后匆匆忙忙地进百货商场逛上一圈再继续赶往学校,这是她当时唯一的娱乐。由于父亲给的生活费有限,三毛很多时候也只是单纯逛逛,不买什么东西,但是对于百货商场却有着强烈的兴趣。

有一天,三毛在报纸上发现了一则广告,要征求一个美丽的东方女孩为法国珂蒂公司做香水广告,工作内容既要拍照又要推销香水。为了能够赚一笔钱,三毛大胆地寄去了几张她的彩色照片,没想到竟被公司选中。

公司给的薪水也是很诱人的,每天四十美元,要做十天。在三毛看来,这是一个非做不可的买卖了。尽管当时的课业很繁重,十天下来很有可能成绩会落后,但是她下定决心,白天辛勤工作,晚上着力于课业。

一开始,三毛对工作是兴奋的,她特地跑了好几家租戏装的仓库,选了一件有着大水袖、镶淡紫色宽襟、胸前还绣有一大朵淡金色菊花的墨绿色缎子衣服。服装上身后,三毛感觉自己平添了些许神秘的东方韵味。但令三毛没有想到的是,她不仅要穿这件衣服照相,还要穿着这身行头完成在百货商场的推销介绍工作。赚钱不易,三毛在这段时间里充分体会到了这个道理。但是既然选择了,就不可能回头,她从来不是一个半途而废的人。

百货商场的部门负责人在三毛到商场的第一天,就结结实实给她上了一课,要让她在一天之内记住所有货物的名字,还要向来往的客人介绍。那个时候，三毛来德国还不到三个月，学习的德文很有限；而正值圣诞节，各种货物在商场内大量增加，负责人却要她记住每一层柜台的每一个物品的名称，这于三毛而言，简直是不可能完成的任务。但三毛想到父亲为给她寄钱而辛苦伏案的身影，便将这一切都忍了下来。

在商场，工作每四个小时可以休息二十分钟，三毛趁着休息的这段时间跑去洗手间，用凉水泡她那已经发肿的脚。尽管脚在痛，三毛也舍不得花钱坐出租车。

在商场的十天经历犹如一堂生动的人生课，三毛看惯了百货商场的浮华和店员的艰辛，也恨透了这个地狱般的地方，以后竟再也生不出对百货商场的兴趣了，对父母赚钱的艰辛也很心疼，以至于在拿到属于她的那份工钱后，连一双丝袜也舍不得买了。

三毛的父亲倒是为女儿的转变感到很欣慰，觉得这一经历让原本任性、随性、不懂得考虑别人的任性姑娘变得温厚了许多。

在西柏林读书的那段日子里，三毛还认识了一家德国人，和他们相处得十分愉快。他们家中的小妹要结婚，指名要三毛当伴娘；而家里最疼三毛的是女主人，一位和她后来婆婆同名的叫作马利亚的妈妈。

有一年圣诞节，三毛本打算去马利亚妈妈家过节，但是雪太大，三毛便打电话告知不能拜访的遗憾，电话那边的家人听了之后很是失望。但是三毛终究没有释怀心里对这家人的思念，就在这个圣诞夜，开车从东德到了西德境内，就为赶到马利亚妈妈家过圣诞节。

家中早有人在雪地里等待着三毛的到来，一家人都十分开心。马利亚妈妈一直想让三毛给她做儿媳，可惜三毛没有让她实现愿望，在个人婚姻方面，她一向是有自己主张的。后来，三毛在孀居后再度拜访，但在作为纽带的马利亚妈妈死后，三毛就再也没有回去过了。

之后，三毛又踏上了广袤的美利坚国土，在芝加哥城的伊利诺斯大学申请到一个主修陶瓷的学习机会。与此同时，三毛还在这所大学法律系的图书馆找到了一份兼职。

也正是在美国的这段时间，三毛又遇到了一位对她产生爱意的异性。他是一位化学博士，亦是三毛堂哥的好友，受托照顾三毛。异国他乡遇到这样一位活泼美丽的中国女孩，博士自然而然爱上了三毛，还会每日为她送去专属食物。在这样平淡相处一段时日后，终于有一天博士问三毛："现在我照顾你，等哪一年你肯开始下厨房煮饭给我和我们的孩子吃呢？"

对这位博士，三毛只当他是兄长一般，从未对他有任何的表态，所以尽管三毛堂哥也想撮合他们，但三毛仍然婉拒了。她明白自己的心，这个人是不能走进她内心深处的，既然已经如是，那便不能再误人终身，之后三毛离开了美国。

三毛又辗转回到了台北，这个一开始离去时的伤心地。离开台北前的三毛对家乡的一切都带着一种灰色调的印象，这次归来，为着父母也为着一份心里的安宁，三毛打算长久住下来，对一切都认真打算起来。

回台后不久，三毛又认识了一个异性，两人很快便坠入了爱河。但是怎奈三毛遇人不淑，准备结婚前才知道对方是有妇之夫。面对这样一个爱情骗子，伤心欲绝的三毛选择了抽身而退。但是也就是在这个时候，她又遇到了生命中另一个对她很重要的人。

他是一位德国籍教授，比三毛大很多，他的出现抚平了三毛因前一段感情而受伤的心，而三毛也决定要和他携手终身了。但是不属于她的缘分终究会散去吧，造化弄人，就在结婚的前夜，新郎却突发心脏病猝死，丢给了三毛一个巨大的噩耗。

那段日子，三毛不知道是怎么熬过来的，只是从那以后她落下了终身胃痛的毛病。

本以为要长久住下去，计划好的平静却以一种意想不到的方式结束了，三毛注定还是要继续漂泊，继续上路。

台湾啊，为何总是跟它有诸多分离的理由？这一生，在辗转流离的风雨里，又有多少的故事匆忙结尾？

亲爱的大胡子

六年，对于三毛来说，是个有着魔咒般威力的数字，尤其是关乎那个她一生挚爱的人。

记得有一年冬天在西班牙，正是圣诞节。那时当地圣诞节有个习俗，类似我们中国的拜年，在十二点钟声敲响过后，便要挨家挨户、左邻右舍地去恭贺平安。那个时候三毛在朋友家中，遇到了正好到朋友家来"拜平安"的荷西。

三毛第一次见到荷西，似乎就隐隐地酝酿着和他产生一个电光石火般的传奇故事。荷西是那么英俊，英俊到三毛第一眼便被惊艳；而他又是那么单纯，让人亲近，毫无障碍。这一场邂逅，这一场意外，生命中的注定相会，在烟火与圣诞夜的烘托下，显得分外美丽。

后来三毛再去朋友家玩，也会经常碰到荷西。相识以后，两人常常约会打棒球，也常常在下雪天时打雪仗。在认识荷西以前，三毛喜欢独自逛马德里的旧货市场，常常在有集市时起很早去逛，一逛就是一整天；认识荷西以后，两人便一同前往，竟也能从早上九点逛到下午四点。虽然也不买什么东西，有时也就是买一支羽毛等小物件而已，但两人都乐此不疲。

那时三毛大学三年级，而荷西是一名高三的中学生。

认识了三毛后，荷西常常下午逃课，就为着能够见三毛一面。他经常让别人上去帮忙叫三毛，而他总是被人称作三毛的表弟，后来这成了三毛宿舍里的一个笑话。"表弟"在西班牙文里带有嘲弄的意思。

每次荷西总是很紧张地站在书院外的一棵大树下，手里紧紧地捏着一顶法国帽。第一次约三毛看完电影后，荷西却让三毛同他走路回家，因为兜里已经没有了剩余的打车钱。面对着这样一个单纯的少年，三毛虽然注意到了他的不寻常，却没有说破。

后来荷西来找三毛成了一种习惯，常常是逃了下午的两节课过来，两个人一同去逛街，捡一捡垃圾场的废物（三毛最喜欢的事）。但随着时间的推移，三毛觉得不能再这样下去了，因为荷西认真了。

虽然荷西还没有读大学，但是却有着一股倔劲儿，认定了的就十分认真。他喜欢上了三毛，而且是很纯粹的那种喜欢。

有的人不值得认真对待，或者不适合自己，三毛都不会太过认真，毕竟经历过一次刻骨铭心的初恋后，她已不再那么地投入了。现在面前的这个大男孩儿，却那么像当初的三毛，这让三毛觉得不安。

三毛不想伤害荷西，毕竟他们有着好几岁的年龄差，而且，真的能够再一次用心投入吗？阻隔在两人面前的是一种无可把握的命运，在三毛看来，无论自己还是荷西，都并不能够成熟地去担负起这段感情。

他们相差整整八岁。一个二十四岁的姑娘和一个未满十八岁的青涩男生，这电光石火的一瞬或许永远无法抵达永恒的彼岸。

该结束了，三毛决定让这个男孩儿死心。原因是荷西说了一段让她听后流泪的话，深深触动了她的心。荷西对三毛说道："再等我六年，让我四年念大学，两年服兵役，六年以后我们可以结婚了，我的一生想望就是有一个很小的公寓，里面有一个像你这样的太太，然后我去赚钱养活你，这是我一生最幸福的梦想。"

六年，六年的时光终将会蹂躏了人与事当初的模样，她会变，他也会变。这样空空的希望，最终带来的可能是更深更痛的失望，三毛不敢把彼此六年的青春赌在一个缥缈无期的约定上。她侧过泪痕打湿的脸庞，狠心地告诉荷西，以后不要再来找她，自己也不会等他六年，因为六年后她也不知道会在哪里。虽然喜欢这个男孩子，但是三毛是不会轻易给任何人一个承诺的，在三毛眼里，承诺便是再也不能解下的枷锁，是一定要践行的。

荷西遭到拒绝后，没有失去理性，他真的没有再去找三毛，也没有再去缠她。偶尔见到三毛带着另一位异性经过，荷西还会跟他握手。就像他告诉三毛的那样，除非三毛自己愿意，否则他不会逼三毛。荷西还告诉她，以后不要再把他当成一个小孩子。

以后每看到贾宝玉出家的那一段，三毛便会联想到她那次和荷西分别时候的场景——荷西一边跑一边回头微笑着，对她反复喊着："Echo再见！ Echo再见！"那个时候的她看荷西消失在飘着雪花的黑夜里，极力忍住了要叫荷西回来的冲动。

可是，注定的缘分是逃不开的，就算是极力将其关在门外，它还是会透过每一丝缝隙来到你的身边。

三毛与荷西道别之后，辗转多国，亦有过几段短暂恋情，在最后情伤台湾后，几度周转又回到了西班牙。而她回来的这一年，竟是当初和荷西分手后的第六年。没有一丝刻意的安排，竟就这么被命运给绕了一个大圈，将她带回到了荷西的身边。

在分别第六年的时候，三毛在台湾收到一位朋友带给她的来自荷西的一封信，里面还有一张荷西留了大胡子抓鱼的照片。三毛第一眼看到后便叫道："这是古希腊神话里的海神嘛！"在爱情面前，荷西的冷静和理智是惊人的，他托那位朋友告诉三毛，要是三毛忘记了他就不要再看那封信。三毛淡淡地一笑，这位曾经期许给自己一个美好未来的男子，又怎能轻易忘记呢？信里荷西告诉了三毛一个秘密：当年三毛拒绝荷西后，他流了一夜的泪，还曾想过要自杀。荷西还告诉三毛，请不要忘记，他们之间仍有一个六年之约。

看到信半年之后，连三毛自己也没有想到，命运竟再次把她送到了荷西身边。那时的荷西还有一个月的兵役要服，知道三毛已经到了西班牙，急切地托妹妹让三毛给他写信，甚至已经备好了信封。而已经忘了大半西班牙文的三毛，用英文写的一封信，让荷西跑遍了整个军营也没法翻译。

心急的荷西后来给三毛回信，问她写给他的是什么内容，还寄了有他在其中的潜水者漫画给三毛，而三毛却始终没有回信。兵役即将结束前，荷西打长途电话告诉三毛，他要在二十三号回去，要三毛等他。

本就是个健忘的人，对伤痛也好、欢乐也罢，三毛总是过去便不再记忆。在荷西回来的那天，不出所料她完全忘了这件事。等三毛到家时，被告知有人给她打了十多个电话。

正在这疑惑之际，三毛接到朋友的电话，让她尽快赶来。到那之后，朋友让三毛闭起眼睛，当三毛睁开眼时，见到的是那张她不曾忘记的英俊的脸。

再次相见，三毛兴奋尖叫到不能自已。她的心里一直那么牵挂和喜欢荷西啊！三毛被荷西从背后抱起来，穿了曳地长裙的她被荷西转着飞起了裙摆，一如他们相见时那飞扬喜悦的心情。她实在是很想念荷西啊,这个已经留了大胡子的英俊男孩儿。身边的人也都大笑着,知道他们是很要好的朋友,为他们的重逢而高兴。

这相见的时刻,不多不少,正是约好的六年。

时光缓缓流淌,没有人会刻意去记取,毕竟相比起那个虚幻的时间,踏踏实实地活着才是最主要的事。三毛对于时间,更是没有太多的概念,因为似乎她的心总是在不停地受着伤害,难得有喘息的时间。谁知在阴差阳错、几番波折之后,时间竟然神奇地与那个约定重合了。

没有太多的言语,没有太多刻意的承诺,这个世界上,真心真爱不是能用言语说得明白、能用誓言承诺得了的。为你守候,也要你来赴约才行。而有缘的人,即使天水相隔,也是会来赴这场约的。

三毛当初没有答应荷西的六年之约,心里却深深地印下了那个说着美好愿望的男孩的印记。她没有说出口的那句"荷西,你回来吧",现在以另一种方式将她带回,亦是她没有想过的。

爱情是一场宿命。三毛没有多说,却已经感受到了它的惊涛骇浪。在一瞬间,她觉得那个为爱痴狂的女孩儿,又满血复活了。

那就爱吧

从曾经那个不满十八岁的男孩子到现在眼前这个犹如古希腊海神般的大胡子先生,就这样在时隔六年之后,再次闯入了三毛的生命,犹如赴一场命运之约,躲也躲不掉,哪怕曾经拼命拒绝他、避开他,他仍在三毛经历六年风雨后出现了,而这一次,竟然是她周转回来,回到了他的身边。

三毛第一次去了荷西的卧室。在荷西的卧室里,大大小小贴满了三毛被放大了的相片,就连折叠窗那里也被贴了一幅,这些照片经由沙漠阳光的暴晒之后,原本黑白的色彩变成一道黄一道白的拼色。荷西倚在门口,被惊呆的三毛迟疑地朝这些照片走了过去,用手指轻轻触碰那发光的边缘,心中若有所思。

试想一下这种感觉,一个人突然面对着一间全部贴满自己照片的屋子(那时候彩色摄影技术并没有完全流行,但荷西却用心至极，利用阳光将黑白变为彩色）心里是一种怎样的复杂滋味？如果他对她不是有着近乎狂热的执着，又怎会将她的照片贴满属于自己的私密空间？三毛游走在阳光的每一根经纬里，游走在屋内每一张照片前，这种溢于言表的感动此刻也许只有用沉默的方式，才是最好的诠释。

虽然对这样一个贴满自己照片的房间吃惊不已，但让三毛觉得疑惑的是，她从来没有给他寄过一张照片呀。这满屋的奇迹又是怎样发生的呢？

荷西解开了她的疑惑：三毛每次寄给徐伯伯（三毛和荷西都认识的一个长者）的照片，他去玩的时候都会偷偷拿走，把照片放大后再悄悄归还，这样也就没人知道了。三毛没有被荷西的机智所感动，反而冷静地问道，他的家人怎样看待这件事？荷西告诉三毛，他的家人以为他发神经，对着不见了的人的照片发痴。

这样的一个男孩儿！

荷西的纯情、痴情，在六年时光下不渝的等待，在时光之后没有丝毫褪色的感情，让三毛的心不得不开始震颤了——他不是一个小男孩儿了，他对她的感情是热烈而又持续的，他对她的感情是成熟的。

当初三毛决定把心关闭起来时，荷西出现在她的生命里，带给了她一段欢乐的时光，但是她不敢要。而现在他仍旧是这样纯情和笃定，时光不仅没有把荷西那如同孩子般稚气的爱情给淡化掉，反而将这份感情变得更加坚定，竟然在悄无声息中经受住了时间残酷的考验。也许正像那幅已经发黄了的三毛的相片，阳光给了他的爱情一种如同麦子般成熟的颜色。

荷西的深情和痴情深深打动了三毛，三毛问荷西，是不是还想同她结婚。这次的归来，三毛带着一颗破碎了的心，她真的不知那个说好等她的大胡子是否还愿意接受她。荷西说，他想实现六年前的那个梦想。三毛哭泣着问他，为何他不早一点儿在她伤心之前出现，现在心都碎了，没用了。荷西只是平静地告诉她，心碎了可以用胶水粘起来，而粘不住的话，就拿他那一颗黄金做的完整的心来换。

世界上最动听的情话也许不一定会打动三毛，但是荷西的这一句"换心"，却让三毛整个人都沦陷了。有几个人愿意毫无保留地拿出自己的心给别人？也许一场恋爱只会将一个人心中的某个位置暂时留出，但是对于那些用自己的全部力气来爱的人来说，他们的爱情从一开始就是把整颗心全盘付出的。

这么多年，他是第一个愿意拿出一整颗心和她交换的人，还毫不介意她那一颗是已经破碎了的心。对于这样的一个人，三毛无论如何也不会再忍心拒绝了。

荷西比三毛考虑得更周全，那就是只有和三毛在同一个地方长久相处下来，才能够把她留在身边。于是在知道了三毛要去撒哈拉的计划后，荷西虽然有自己的航海计划，却马上将其搁置，他不想再和三毛分开了——他竟然比三毛早两个月到了沙漠，不声不响在那里找了一份工作。等到荷西到沙漠稳定之后，才写信告诉了三毛这一切。

看到荷西的来信，三毛十分吃惊，觉得是他一时的感情用事。她写信给荷西，告诉他不必为了她去沙漠受苦，还说去到沙漠后也不能常常见到，想用此种方式来打消荷西的固执。

但是荷西却很明确地告诉三毛，只有和她结婚才能把她留在身边，否则，他的心里永远有一份痛楚。在看了十多遍信后，三毛在大街上逛了一夜，之后便做了决定。三毛决定要爱。

两个多月后，三毛也收拾了行囊去撒哈拉，在那里，早就有一个人提前等着她了。荷西为了她，晒黑了很多，一眼就能看出受了很多的苦。三毛的心也随之痛了起来。

既然眼前的这个男人等待了她那么久，不反对她看似荒唐的想法，甚至还肯为了她远离故土只身来到荒漠，自己还有什么理由选择拒绝他呢？荷西用有力的臂膀紧紧拥抱了三毛，而在那一刻，三毛便决定义无反顾地投入这个男人的怀抱了。

三毛想，这一生，再多坎坷也好，再多辛酸也罢，只是再也不能辜负纯情的荷西了。现在的她，不想再犹豫不决、摇摆不定了。她只想放心地跟他走，走到天涯海角。

既然命运在绕了一个大圈后将三毛又带回到了荷西的身边，既然荷西紧守着自己的诺言和初心不放弃，既然一个深情而一个动了情，既然他们决定了要相守到老，那么便爱吧，用一生的岁月去追随彼此。

第五章

坦荡生活，肆意去爱

三毛曾说，当初来到撒哈拉，是为了她自己；
而后长久地留下来，是为了荷西。
不必婚约，也无须婚礼，
早在他比自己提前到达那个让自己魂牵梦萦的地方后，
她就已经是属于他的新娘了。

长路落满了光

"我要看看在这片寸草不生的沙漠里,人们为什么同样能有生命的喜悦和爱憎。"为着这个理由,三毛义无反顾地投入到沙漠的怀抱之中。

新安置的家十分偏僻,在城镇的外围。从市区出来,要走很久。荷西指着一排白色的房屋,让三毛猜他们的新家是哪个。三毛的目光最终定格在最后一间有着圆形拱门的屋子。她的直觉告诉她,那就是属于他们的家!果然,荷西牵着她的手走进了那间房。

新安置的家坐落在一个巨大的垃圾场对面,屋后接连着绵延无尽的沙漠和广阔的蓝天。这里,便是以后三毛和荷西共同生活的地方了。想到从此要同撒哈拉的居民们同住,三毛感到无比开心而富有生气。

理想丰满，现实骨感。因为荷西通常住在公司的宿舍，三毛就不得不独自一人在小镇居住生活。现实将一对年轻的情侣轻易地分开，怎奈终究抵不过感情炙热的荷西。虽然两人相隔约有一百里路，但他仍旧坚持每天跑回小镇看望三毛。

这便是撒哈拉，既是残酷的，也是柔情的。在这里生存的记忆，于三毛和荷西来说，也是他们一辈子都放不下的深情。

这些坚持在荷西看来都不算什么，甚至是理所应当的。既然他现在已经同三毛居住在同一片天空下、同一片沙漠里，也就意味着不再分开。于是，兴奋过后，他开始欢天喜地地准备起与三毛的婚礼。

在这个时候，三毛却提出一个更有趣的建议。她想用三个月的时间来做一场单独的沙漠旅行，而这也正好可以空出时间，让荷西准备婚礼事宜。荷西愉快地接受了三毛的提议，并将放在公司的私人用品一点点地搬至小家。

本来这是一场独属于三毛的旅行，没有任何人的参与，也不需要再去想其他的事情，随心情在哪里，就走到哪里去，就像她认识的那个独自骑骆驼几度横穿沙漠、最终渴死在沙漠中的未曾谋面的朋友一样。但是生命中既然已经有人来共同参与，那便不能随意而孤行了，尽管最终依然决定一个人去旅行，三毛还是依从荷西的建议做了规划。

因此，三毛深入大漠的旅行是安全可靠而不是一意孤行的。在荷西的介绍下，她跟着开送水车的一个撒哈拉威人巴勒和助手一起出发。每当车子到达居民区卸水的时候,三毛便有了和他们打交道的机会。

最初的沟通不是很顺利,沙漠的居民期待有人能从外面给他们带去所需的物品,三毛却是两手空空而来。再次出发时,三毛便带着所有能带去的小玩意儿和药品,比如美丽的玻璃珠、鱼线、戒指、钥匙、白糖和糖果等,她深深地知道,即使远在世界的尽头,"也有爱美的女人和爱吃的小孩子",所以,尽管这看起来有点像是用小礼物来交换友谊,但是对于那些远在沙漠深处的居民来说却是惊喜和实际的帮助。

虽然没有行医的经历,三毛却靠着从书上看来的一些知识替人看起了一些简单而常见的疾病。她先是给伤口溃烂的人涂消炎药膏,给眼睛有问题的人滴眼药水,给头疼的人分阿司匹林片,然后给那些长期缺乏营养的人喂维生素 C 片。后来随着经历多了更加大胆,甚至有一次在紧急情况下三毛要去给别人接生,要不是荷西阻止,她一定会这么做。

正是在这些行医和送礼物的举动之间,三毛与当地居民渐渐亲近和熟悉了起来。其中唯一一次被允许拍摄沙漠中女人不戴面纱脸的机会,便是在为一位头痛的老太太服下阿司匹林片起效后得来的额外报酬。虽然后来上演了一出"收魂放魂"的喜剧,亦是难得而有趣的一次经历。

沙漠中的人大多害羞内向,尤其是女人和孩子,想要让他们配合照相实属不易,但三毛通过和他们慢慢接触而赢得了信任。本地人对相机有一种本能的恐惧，认为相机会把人的灵魂给收去，人很快便会死去。为着这个原因，三毛的举动引来了当地居民的恐慌和愤怒。尽管同行的人嫌他们愚笨不愿意理会，三毛却不想让那些单纯的人害怕担忧，尤其是她在车子开动时看到那两个被自己照过相的女子绝望的眼神后，她终于不能再坐视不理了。

三毛也许给不了那些居民太多的生活中实际的帮助，但力所能及的帮助还是可以给予的。面对居民对她和相机的质疑，她也绝对不会不予理睬。她示意司机停下车子，跑下去将胶卷迎着光让那些人看，没有他们所谓的影子在上面，于是那些人终于开心释怀了。三毛上演的这一出"放魂"的喜剧，看似无稽，却带给了他们内心的安宁。

除了对照相机的畏惧，这些单纯的人更怕照镜子，虽然大部分人只是听说而未眼见，却觉得这更能清楚地收去他们的灵魂。知道了这种情况后，三毛以后再去沙漠，便带上了一面大点的镜子，把它竖在石堆里，让大家来看。她还常常在镜前梳头，慢慢地，这些人对镜子的态度也由恐惧害怕变得好奇，继而是兴奋了。

在红尘中行走惯了，见惯了斤斤计较，见惯了聪明或者故作聪明之人，也见惯了各种阴险狡诈和黑暗面的存在，在这里看到的却都是如此单纯和善良之人，这一切深深打动了三毛。

这些淳朴的撒哈拉威人让三毛的灵魂变得更加干净，也让她的内心的善彰显出来。三毛在关心、爱护着这些撒哈拉威人的同时，他们也在净化着三毛，把她从一个世故的都市人变成了一个纯粹的大地居民。

在沙漠里，那些景色往往是别处难觅的绝美。漫漫黄沙，湛蓝的天，渺小的人，让她的心一次次为之震颤着。而那些沙漠上的动物也一次次让她感受到了生命的耐力和美。狂奔的野羚羊，充满活力的生命；火似的大片红鹤，美得如同黄昏下的云彩和霞光。

生命在伟大的事物面前总会变得分外谦卑，也会更加纯粹，让人返璞归真。

沙漠里的居民和沙漠里的动植物，都犹如那耐旱而又生命力顽强的骆驼一般，静默无语却能承受所有生命加在身上的苦难，狂风沙吹不倒，酷暑天晒不化，寒冷夜冻不死，只要还有一丝生机，便会顽强地活下去。

骆驼就连生育时也是独特的，直接将新生命掉落到地下，如此干脆和直接——如果想要生存下去，那么从一开始便要吃苦。沙漠里的居民从一出生便要接受这片土地带给他们的无尽摧折，想要生存，就要抗争。吃不了苦的人，是不配在这片土地上生存的。

既然在这片土地上受到如此多的馈赠，三毛便极力想要回赠于它。她曾说过，"每一粒沙地里的石子，我尚且知道珍爱它，每一次日出和日落，我都舍不得忘怀，更何况，这一张张活生生的脸孔，我又如何能在回忆里抹去他们"。

数也数不清的经历，让三毛的内心慢慢改变着，日益温厚。三毛在沙漠里，彻底净化了灵魂，她也变得像沙漠里的骆驼一样，拥有了厚实的灵魂和生命力，开始摆脱了生命中沉重的枷锁，能够自由舞蹈了。

狂风沙中的舞蹈，一定是绝美的。

眉挑烟火

三毛曾说,当初来到撒哈拉,是为了她自己;而后长久地留下来,是为了荷西。不必婚约,也无须婚礼,早在他比自己提前到达那个让自己魂牵梦萦的地方后,她就已经是属于他的新娘了。

梦中楼阁总是令人心向往之,但真正能付诸实践的人可谓少而又少,而三毛便是这敢作敢为的人之一。她同一个坚毅勇敢又同时深爱着她的男子共同努力,终将美梦变成了现实。

所谓"百废待兴",在撒哈拉的新生活便是如此。刚开始的时候,家徒四壁,生活过得亦是清苦。但有爱人在的地方,便是家。面对接踵而至的种种困难,三毛也在想尽各种办法解决。

在沙漠生活,首先要解决的问题就是淡水。

这是生活必需品,于沙漠中生存的人们来说甚至比精美的首饰更为珍贵。在环境的逼迫下，三毛学会了如何在太阳底下提炼淡水。如果说淡水是物质困难，但更为严重的应该算是精神上的磨炼。

在荷西工作的日子里，三毛都是一个人独处的。她要学会与沙地炎热酷寒的气候做斗争，也要学会同时不时内心翻涌起的委屈与寂寞做斗争。

所有的委屈与伤痛她都含泪咽下，每当她失落时，因为有另一个人的存在，她都能重拾对生活的信心。毕竟在一百里外的地方，有一个男人为她牵肠挂肚，为她辛劳工作，这个人的努力足以让她感到幸福！

荷西为了生活，没日没夜地加班，希望能用自己亲手赚的钱养活自己的家和爱人，拒绝接受能使他们生活变得更好的岳父的钱，而三毛这个"异乡人"，虽然在开始之初为着投入沙漠的怀抱而感叹，现在却也学会了直面生活中的柴米油盐。

大漠的风呼啸着，没有孤烟直，也没有落日圆，当初的诗情画意只有在面对着夕阳下奔跑着的野羚羊时才能感受些许。第一个寒冷的夜已经将她拖回了现实之中。面对着家徒四壁，唯一的心愿就是尽早填满它。

多少人的故事是从一无所有时出发的呢？总是在熟悉的环境里再也不愿离开改变，而鲜有人有勇气从零开始踏步。在最初的生命洪荒里，我们是一无所有的啊！

需要锅碗瓢盆，需要淡水，需要蔬菜，需要家具，需要……

了解了现实之后，三毛开始动手准备，而荷西也应三毛的要求动手制作家具，盖好天窗，让一切梦想逐渐变成现实。

三毛去买木材，发现当地的材料十分昂贵，而荷西工资又只有那么一点儿，除去生活所需，根本不够这高昂的家具成本。眼尖的三毛发现了商店外面的废弃木板，老板慷慨送给了她，却不知道那原来是棺材板。

事后荷西才告诉三毛，但两个人却一点儿都不在乎，三毛甚至还觉得这是一件十分有趣的事。为了看护木板不被邻居拿去，三毛还用空罐子拴在上面，一响便出去看，自然被沙漠的大风"欺骗了"好多次。就这样，棺材板不仅变成了桌椅，还变成了衣柜和其他家具物品。

在制作家具的过程中，荷西充分显示出了一个男人的本色，既是一个好帮手，也是一个让三毛为之骄傲的好丈夫。在家里需要添置新的家具时，荷西画了好几种家具样式给她挑，她想也没想选了最简单的那种，在她而言，这只是自然而然的事，但在旁人看来，何尝不是对荷西满满的爱。

荷西在星期天休息时开始动手制作家具。沙漠温差极大，荷西一心想要早点完工，因此天不亮便上天台忙活着，一直到太阳西沉。天不亮时穿着厚厚的毛衣，中午时脱下所有衣服顶着烈日继续干着，哪怕是汗流浃背也不吭一声，他甚至让三毛把饭端到上面，快速吃完好继续干，生怕耽搁一分钟。

三毛自然也是极心疼荷西的，看荷西锯木头而浑身流汗时，她便往他身上擦水给他降温；荷西去上班的时候，她就把那些家具标号分类放好，以便组装；还因心疼荷西，说好的要早一点儿叫醒他，结果任由他睡到太阳西沉。结果自然被荷西呵斥，但是三毛却默然不语——沉默是女人最大的美德。

尽管一切需要从头开始，也慢慢被填满着，这个家仍旧简陋得可怜。家徒四壁不说，头顶上还有一个天窗，风一刮便有沙土下来，令人困扰；天窗很大，从上往下一看便明了，根本就没有一点儿隐私空间。卫生间还有一个根本用不到的白浴缸，除此之外，一滴水也没有，淡水需要到镇上去提。

荷西买了一只母羊想给三毛喝奶补充营养，没有栏杆，所以和邻居的羊一起混养，而这样的后果是，每次去迟了羊奶便被邻居给挤没了，而邻居看到三毛挤奶总是一脸不悦；母羊认定的女主人是邻居，也不肯好好让三毛挤奶。一番无奈之下，三毛与荷西便将母羊送给了邻居。她心里装满着爱，满满溢出，如何能够让一处活泉停止涌动呢？

漫天黄沙，酷暑与寒冬，让一个追梦人浪漫的幻想一点点支离破碎，荷西外出的日子，孤独像山一般压来，沉重得让人透不过气，像午时沉闷的空气，夜里冰冷的墙壁。

衣服都是在箱子里面放的，写字需要在膝盖上放一块木板；荷西工作只有周末回来，夜里的时候，三毛便点一根白蜡烛静静看着蜡水流成不同的形状。三个月的时间很快过去了，在这段时间，三毛与荷西除了动手装扮家，便是准备结婚所需的各种条件了。

结婚是件相当麻烦的事，这让怕麻烦的三毛差点放弃，好在荷西一直耐心处理，打听到能够结婚竟也需要三个月，心急的荷西差点让秘书先生误会了三毛有孕。

等到一切都办妥，可以结婚的时候，三毛都有点不大相信这一切——自己真的要和这个异国男子结婚了！而得知第二日便要结婚的荷西也有点呆呆的，为了纪念，最终两人跑去看了一场叫作《希腊左巴》的电影结束了单身生活。

准备结婚是很仓促的，荷西与三毛各自给家人发完电报才发现，荷西第二天都没有请假。而三毛却一点儿也不在意，因为婚礼在下午六点钟，便让荷西提早一点儿下班回来结婚。三毛笑着打趣道，当天结婚的人也可以去上班的嘛。

婚礼前，荷西送给了三毛一件礼物，这份礼物让三毛珍藏了一生，甚至愿意死后都带着它——一块完整的骆驼头骨。最懂得三毛的人就属荷西了，面对这样一个拾荒女子，荒野上的战利品最能打动她的心。这是他们爱的见证，更是作为知己的荷西贴心的爱，又怎能不爱？

至于婚礼的着装，两人意外的简单朴素——都是简单的蓝色系衣服，而更有趣的是三毛，戴了一顶草帽的她为着没有花的缘故，往上面放了一把从厨房临时拿来的香菜。

走在沙漠里的四十多分钟在三毛看来是很难忘和美丽的，浩渺的大漠里两个独行的身影，让一切都充满了诗意。虽然是第一个走着去结婚的新娘,也遗憾没有骆驼骑,但是这已经很好了,不是吗?

结婚更是简单和朴素,但是却也有趣。三毛跟荷西被一群穿正装打领结的人围着,还有许多刚认识的人也来参加他们的婚礼。相比之下,衣着简陋的他们反而像是看客,而第一次举行公证仪式的年轻法官竟然比他们还要紧张。就那样被人"摆布"着举行完了仪式,放松下来的三毛便立即回到了她那活泼的、无拘无束的状态,干脆拿帽子来扇风,这时还有许多人跟他们道贺。而本该被先生戴上的戒指也是回到家后才补戴上的——三毛的新郎戴上戒指后,便只顾追着法官要户口名簿去了。

回到居住的地方后,两人还发现有荷西同事送来的蛋糕和祝福的字条,这让三毛分外感动。蛋糕上的小人儿被三毛紧紧护在手上,像个孩子怕被抢去玩具,让荷西忍俊不禁——结婚后的三毛仍还有着一颗与自己一般不老的童心。

荷西断言三毛不会在这里生活过久,怕她吃不了苦要离开,而三毛只是无言,默默地做起了小女人,把一切美好的品德都展现给了这片沙漠,她要用她的行动证明自己。

嫁给荷西后的三毛,生活没有过多的改变,反而比以前更能做回自己。在荷西面前,三毛是轻松的,不需要一点儿的伪装,本就是两个单纯的人,彼此又都互相了解,所以三毛在精神上是很愉悦的。而在物质上,随着荷西日渐赚多的工资和他们动手布置起来的家，一切也都走上了正轨，变得轻松释然得多了。

幸福不是空中楼阁，但是为了你，我可以亲手为你建造。当她嫁给他的时候，沙漠中的小家已经完全是另一番景象了，荷西和她亲手建造了一处沙漠宫殿。日子已经可以安稳而过了，但是家依然是个令人欲求不满的地方。宫殿里有了基本物品，但是还缺"富丽堂皇"。女人总是有无穷的艺术和美的潜力，甚至可以让它变成魔法。三毛的魔法便是——拾荒，后来那些巧妙可爱的装饰品几乎都是三毛拾荒来的。

后来，三毛更是不断地通过拾荒来装扮家。被三毛拾来的一块轮胎变成了客人来时争坐的坐垫，一块快要腐烂的羊皮处理后变成了另一块坐垫，骆驼头骨是书架上的装饰，而那伟大的石刻艺术品则是在坟场闲逛时，碰到一个不会说话的老人雕刻的朴实的艺术品。

当时的三毛被石刻感动到了，用身上带的所有钱买了几个，这在后来成为邻居们的笑柄，但对三毛来说，却是再划算不过的交易。

也许，有时魔法不是万能的，为了美，她生平第一次翻墙当了"采花大盗"。三毛与荷西一起翻墙去偷总督府花园的花，却意外被卫兵发现，甚至用枪相指。两人用机智而又惊险的吻骗过了卫兵，一同保护住了怀中的花。为了它，甚至可以不惜冒险，那怀中的，难道不是珍贵得可以为之付出全部的爱情之花吗？

不过就算是在自己家里,三毛与荷西也总是不堪其扰。因为房顶有个大天窗,平日里要么有小孩子在上面窥看,要么有细沙从上面吹进来。荷西做了个天窗,结果被一只山羊踩破了,连同它自己掉了进来,还吃掉了三毛辛苦养的绿色植物。那一次三毛哭得很伤心,对沙漠生活第一次失去了信心。

虽然以后还是会有"飞羊落井"的现象,虽然荷西说出下次抓到要宰了吃的狠话,但是两个人却从来没有这样做过,邻居们也没有当真,因为深知这对心思善良单纯的夫妇是绝不会那样做的。荷西仍旧用各种能够修补的工具给房顶安上一个天窗,让这个家看起来更加完满一些。

陶渊明筑他的茅屋时,邻里和朋友的馈赠让他的家很快有了生气;三毛打造她的小家时,家人和朋友的馈赠则让她的梦想更接近了现实。千山万水外的灯罩、书法,瞬间将异乡人的乡愁勾起,却将她带进了那个充满了爱的梦里。

虽然过的已经是另一种人生,但是这缕由爱牵起的线是断不了的,哪怕隔千山、隔万水,只要仍有你的消息,有关爱的表达总会源源不断地到来,现在便穿越了万水千山来到了三毛的沙漠小屋之中。

没有音乐的地方,总像一幅山水画缺了溪水瀑布一样。三毛的血液里流动着的音符同样需要被释放出来,尽管家已经越来越完美,可是没有音乐,血液凝固了怎么办?为了省下买录音机、录音带的钱,三毛步行到很远的"外籍兵团"的福利社去买菜。规规矩矩排队的有教养的她，竟然受到了外籍兵团格外的关照，这份钱也便慢慢从他们的关照里省了下来。

尽管奔驰原野的梦想还需要"一匹白马"，但是它一定也会在某一天出现在自己眼前的。后来，当外来人惊叹于这沙漠中的艺术天堂时，三毛只是笑了笑，告诉他：罗马不是一天建成的。

有一次，三毛整理带过来的东西，掉出来一张照片。看着以往自己青春美丽的照片，那种感觉"好似一个死去的肉体，灵魂被领到望乡台上去看他的亲人一样怅然无奈"，同时也切切实实意识到，自己已经与过去完全告别了——这一刻的三毛，是个新生的人，过的是另一种人生，在这个家里，她只是撒哈拉沙漠里一个小屋的女主人而已。

家美，女主人更美。三毛懂得人心，荷西却只懂星空大海，可是三毛最爱这星空大海，所以，即便是美得令人目眩的"天堂鸟"出现在眼前，也不能丝毫减损她对星空大海的爱。拒绝了"天堂鸟"后，她规规矩矩、认认真真做起了一个家庭主妇，这个家里荷西才是对外的男主人，而她以他为荣。

他们爱生活，也爱身边的人，而这份爱，让他们的朋友"像滚雪球似的"多了起来，而且死心塌地。招待朋友似乎是天经地义般的事情，而这份爱也延伸到了邻居身上——三毛在家里开办了免费的"女子学院"，虽然这是一群不关心数字和卫生甚至不在乎钱的女人，但是却对三毛的衣服、口红甚至别样的家感兴趣，常常在家里上演"灾难大片"。可是三毛却对这一切容忍有加，从不责备或是厉声呵斥。这样一个敢爱敢恨、热辣辣的女子，却不会对她身边的人苛刻严厉，甚至爱护有加，到底岁月是怎样让她如此温和的呢？

家变得越来越迷人、越来越可爱，甚至于房东也要来涨房价了。三毛在心里骂着"你是猪"，却甩给了他合约书。这个家，是誓死都要捍卫着的，她和荷西亲手建造而成的城堡，如何让一个外人随意"开闭"？放上一卷录音带，德沃夏克的《新世界交响曲》充满了房间，三毛走到轮胎做的圆椅垫里，慢慢地坐下去，好似一个君王。

让我们成为我们

自从决定嫁给荷西的那一刻起,三毛便决心安定下来做个好太太。如果有一个男人愿意为你守候六年,知你懂你,对你的疯狂想法和行为不仅不阻挠,反而赞成支持有加,那么你也会甘心做他一世的妻吧。

在结束婚礼、家园安定下来后,三毛便展开了她的沙漠生活画卷。虽然沙漠里的生活天然不是那些享福的人能承受的,也面临着许多的生存挑战,但是克服了这些阻碍,三毛灵魂里乐观的天性便迸发了出来,常常在孤寂的生活里用自己的方式做着调剂,让生活处处充满着"鸟语花香"。荷西也和着这欢快的节奏,与三毛一起舞蹈着。

不论是荷西为三毛而来的沙漠,还是三毛为荷西留下的沙漠,总之,既然决定了牵手,两个人便都在心里面约定了要彼此相随。三毛做起了全职太太，但是彼此间又很默契地保有着空间与自由，不去打破。在三毛而言，婚姻生活只是让他们彼此间的棱角磨平，以后便不会再硌疼对方。

尽管一开始，这是一场不大对等的爱，因为荷西爱三毛爱得深入骨髓，而三毛对他却只是简单的喜欢。但在往后的时光里，在彼此岁月相交融的日子里，在共患难共欢喜的夫妻生活中，三毛一点一点地爱上了荷西，越爱越深刻，直至刻骨，直至永生不能忘记。

所有平淡的日子都值得用伟大去定义。在那一段一段的平静日子后面，不知道有些人过得有多努力，那都是水平波静下无尽翻涌着的波浪啊！

三毛对荷西，荷西对三毛，便是这样。尽管生活平淡无奇，但是两人却习惯了有对方的日子，一旦见不到便会强烈思念。经过了西班牙的不能相守，撒哈拉的二人更加珍惜彼此，但都心照不宣。情感是一坛酒，是要岁月去酿的，时间越久也会越醇越香。

婚姻让三毛从道德上追随着荷西，岁月催生的情感却将这份追随用甜蜜幸福的胶紧紧粘在了一起，任是刀割敲打也拆散不了。

作为一个典型的家庭妇女，在嫁给荷西后，三毛规规矩矩在家洗衣煮饭，生活也是日复一日。虽然不喜欢做家务，三毛却对做饭有着强烈的兴趣，觉得这是一种艺术，因此她连做饭都做出了许多的乐趣来。

记得开始做饭时饭和菜是分开做的,但是只有一个锅,淡水也明显不够,所以三毛便琢磨出了一种"菜饭",将饭和菜一起混煮,既节省了时间也节省了珍贵的淡水资源。

荒漠之中也只有饭菜,能够让生活真切体会到什么是有滋有味,贤惠的三毛太太致力于先生"胃的工程",不满足于简单的西方食材,借助许多从万里外家中寄过来的包裹,将简单的三餐变幻成了食物的盛筵。

很多方便寄送的食材,如粉丝、冬菇、紫菜等,还有好友从西班牙寄过来的罐头、酱油,都成了这盛筵必不可缺的食材。因着是中国人的缘故,做中国菜不一定拿手却也有滋有味,三毛做的中国菜令这些身处异地沙漠的外国人大快朵颐。

记得荷西在认识三毛之前,是没有接触过中国菜的,而自从娶了这位中国太太,不仅满足了自己的爱情,也满足了自己的胃,因为三毛做的中国菜总让他吃得很可口。三毛戏称荷西是她的"中国饭店"里一位不付钱的食客,而随着她中国菜名声的扩大,很快便有很多人来家里吃她做的中国菜了。

母亲寄来的粉丝常常被三毛用来做各种菜,而不明就里的荷西总是被三毛耍得团团转。"粉丝煮鸡蛋"里的粉丝被三毛称作高山上被冻起来的春雨,而"蚂蚁上树"里的粉丝则干脆被她称为钓鱼用的尼龙线;最有趣的是吃"合子饼",荷西干脆认为里面与肉末混在一起的粉丝末是鲨鱼的翅膀,还声称以后不要让三毛的母亲再寄这种贵重的东西过来了，让三毛着实欢乐不已。

猪肉干也曾有一段欢乐的故事。三毛曾趁荷西不注意，将肉干剪成了小方块藏在了毯子底下，却不料被因感冒而鼻子不通气的荷西发现。为了让这来之不易的珍贵食物保存得久一点儿，三毛谎称它为中药，却被不明就里的荷西当作了治病的美味，更偷偷将这治病美味与同事们分享。而自从因三毛说那是治咳嗽顺喉的中药后，每次荷西同事来家都要假装咳嗽骗吃猪肉干。

紫菜也曾让三毛对荷西的反应捧腹不已。有一天，三毛做了紫菜包饭卷肉松，荷西硬说是印蓝纸而拒吃，三毛便骗他到底，还自顾自地吃了起来。当然最后荷西发现了真相，三毛的头上便免不了受荷西一记爆栗。

荷西常常称三毛为"吹牛大王"，却又对这个妻子无可奈何。他习惯吃中国菜以后，反而对西菜提不起胃口，吵着要吃"雨"（指粉丝）。同事们吃过后也赞誉不已，连公司大老板也想要来尝尝这中国饭店的滋味。老板点名要吃笋片炒冬菇，缺少笋的三毛用小黄瓜代替了笋，却让宾主各自尽欢。

民以食为天，吃饭穿衣虽然为琐事，却是不能被忽视的大事，荷西与三毛的家庭生活也总是离不开这一衣一饭。但是细微之处见真章，往往是这些琐碎的事情黏合了两人之间的感情，让它越变越浓。

有一天，三毛看到一本西班牙文杂志，上面有一篇文章叫"如何让你的丈夫爱你"，内容是这位女作家每天变着各种样子给他丈夫看，婚后两人自然很幸福甜蜜。三毛把这一段读给荷西听，荷西正在看电视，头也没有抬，直接说了句："海盗！我比较喜欢海盗！"这让三毛十分无奈。

荷西有一个毛病，三毛叫他往东，他却偏要往西，故意与三毛反其道而行之。发现荷西的这种反抗心理后，三毛便摸透了他的心思，故意把一切反着说，荷西便不知不觉上当了；后来荷西发现三毛的做法后，干脆采取一切不合作的态度，让三毛简直无可奈何。

有关来生，总是会让无数人为之神往，有关来生的话题也总是不断。三毛问荷西，下辈子是不是还要娶她为妻，没想到荷西想也没想说道："绝不。"这让三毛大失所望。荷西下辈子要不一样的活法，反问三毛难道不是同他一样？这倒让三毛乐了起来——知妻莫若夫，虽然嘴上不说，但是两个人心里面还真是一样的想法。

三毛与荷西都属于古道热肠之人，所以两个人的行为方式也都大同小异，在大小事上倒不至于意见严重不一致，能和睦相处。

两个人各有脾气，却能够互相包容，在琐碎寻常的夫妻生活中颇为难得。荷西忍受着三毛的无厘头思想和怪异想法，三毛也包容着荷西的大男子主义，彼此间亦有足够的空间和自由。

三毛深谙此道，婚后并不剥夺荷西与朋友们相处的快乐时光，两个人自得其乐，反而关系融洽。

"夫妇之间的事情，酸甜苦辣，混淆不清，也正是如人饮水，冷暖自知。"这是三毛曾对自己与荷西生活写下的一段文字。在撒哈拉这样相对封闭实则广阔的天地里，也有一个个精彩的人生故事。正如那深不可测的湖水，远不是游客们表面看到的风平浪静。至于那湖水底部蕴藏的东西，又如个人的喜乐哀愁，还是留给局中人独自品尝和担当吧。

沙漠中的风俗同三毛在别处经历的迥异，在这里，男人可以有三妻四妾，一开始，也有美丽的女孩对荷西生出了爱慕之心，三毛自然坚决捍卫自己的丈夫，不容他人分享；也有荷西的同事对三毛产生了爱意，每每托荷西带来美丽的天堂鸟花，而荷西对此却总是迟钝又大条。三毛知晓其意，暗地里对其讲明了一切，之后专心做起了家庭主妇，也不再掺和到荷西同事们的谈话中显露风头了。

他不用多言，此生就只为她钟情；她守护一切，渐渐对他生死相许。

沙漠中结婚以来，因为一直没能回家中看望父母，三毛决定要"归省"一次。这样一个随性而至的女子，自然会做出许多随性之事，这次突然的决定，她甚至没有告知荷西，趁着荷西外出打鱼，留下一纸说明，拎着行李要回台北。

回家看到字条的荷西惊诧不已，赶紧开车狂追，终于追到了快要登机的三毛。怎奈妻子去意已决，摸摸大胡子以示安慰，只留下一个背影让等待的七尺男儿泪洒机场。

回到台北家中的三毛难得好好放松，与父母家人共度美好时光，也想给荷西一段没有她的假期。哪知荷西在三毛走后，生活一团糟，似乎一切都不能自理了。荷西突然想念起了妻子的种种好处，一封又一封的信件随着三毛的脚步接踵而至，想要让这位逃妻早点回家。

越是稳固的感情，越不用担心。三毛对荷西便是如此，她知道荷西对她的心意，因此也就放心地在台北待了下去，没有一点儿回去的意思。荷西的信件在三毛到家两天后便至，之后更是频繁，其中还有用西班牙文写给三毛妈妈的信，嘱咐妈妈让三毛早点回家。三毛每次都是大笑着翻译。对于写给她的信，她每次都是看看就好，想起来了给荷西简单写封信报报平安，字迹还十分潦草。

分离久了思念就越深，荷西写给三毛的信一封封都充满着深情，信中一遍遍诉说着对三毛的想念；怕三毛在家给父母添麻烦，还嘱咐三毛按时吃药打针，后面附上了一张明细表，嘱咐得十分详细。荷西还在信中写道，让三毛妈妈多提醒她还有一个丈夫，他说三毛患上了很严重的健忘症。

随着日子的渐渐推移，荷西的信渐渐增多，三毛的信却还是寥寥。荷西知道甜言蜜语是不能哄回三毛的，便改变了策略，信慢慢减少，还虚构了一个邻居女儿，常常说他和邻居女儿之间的趣事。在这样的反面刺激下,三毛的信却渐渐多了,后来干脆直接飞了回去。

三毛与荷西之间的这种小玩笑并不是经常发生,两个人孩子一般的心境,都不觉得这是十分严肃的事,每次总是情绪化一阵便散去无影踪,日子还是跟原来一样寻常平淡。

对于一个爱写作的妻子,丈夫也总是给她充分的支持和空间,闲暇之余,两人还曾一同翻译了一本西班牙的儿童漫画《娃娃看天下》。在静静相处的时光里,两个人的默契也渐深。

平淡的生活中不觉得,一旦对方有了危险,心中的那份爱便会强烈地迸发出来。

三毛与荷西本来就是爱玩的人,对化石一类的物品一向很感兴趣,因此当荷西提议去找化石,三毛便与他一拍即合。出门时只带了一袋红酒,本计划天黑前赶回来。无奈越走越远,天也渐渐暗了,最要命的是,荷西在指挥倒车时陷在了沼泽地里!

四周除了渐冷的空气和沙漠外一无所有,三毛觉得自己都快要窒息了。荒山夜晚的沼泽地十分惊险,而荷西竟陷在了里面,三毛深知如果离开荷西去找人的话会很久,那样他存活的概率更是渺小,所以在荷西叫她去找人时,她几乎是下意识地叫了起来:"我不能离开你!"

好不容易看到有辆本地人开的车过来,但是这些人不但不帮忙,还打起了三毛的主意。荷西看妻子陷入了危险境地,尖叫着要杀了这群人，但也无济于事。从这些心怀不轨的人怀里挣脱开以后，三毛飞快地跑到车上启动了车，荷西催三毛赶紧离开。

三毛的内心虽然十分挣扎，但是也只能先甩掉这几个人之后再作打算。在黑夜里，三毛与这三个撒哈拉威人上演了一出惊险的追踪与反追踪的大戏，终于在三毛熄了车灯躲在一处沙堆的阴影后才摆脱了这些人。

再次回到沼泽地的三毛第一次停错了位置，找不到荷西的她以为荷西已经死去，心揪痛极了。原本打算回去找人来救丈夫的她，在看到用作标记的车垫后改变了主意——如果找人来，经过一夜深陷泥沼的荷西怕是会被冻死啊！于是她便用拆下来的车垫、轮胎和车上的备胎一步步靠近了荷西，距离不够还将她身上的长裙绞成了布条，最终成功地将荷西救了出来。

即使在生死一线，这两个天不怕地不怕的冒险家还是难以放弃自己的兴趣，异口同声地说第二日下午还要继续，而当时的荷西双腿受冻，必须去医院治疗了。

在孤寂辽阔的沙漠里，人是那样地渺小，三毛与荷西身边的外地人，男的要么酗酒要么自杀，女的要么消沉要么逃离，只有他们在彼此的互相扶持与经营下好好地生活着，过得欢乐自在。他们都是能吃苦的人，经受得住沙漠的洗礼，渐渐成为沙漠的儿女。

这对沙漠儿女的情感，在彼此共同对抗自然的挑战与艰难的生存中获得了提升,变得坚固无比。

荷西想要赚钱养家的愿望在这片土地上实现着,他靠自己的双手养活着他和三毛,让日子越过越好;而三毛也证明给了荷西看,她是能够和他一起吃苦的人,不仅不会成为拖累,而且是他前行路上坚强的后盾和有力的伙伴。而三毛证明给荷西看的,不仅仅是日常的穿衣吃饭,更是对家庭的爱。

荷西的父母是很传统的西班牙人。荷西在结婚前一天告诉了父母他和三毛准备结婚的消息,令老两口十分震惊。因此尚在沙漠时,三毛便常常给荷西父母写信,嘘寒问暖,日子久了和公公相处没有了问题,却始终不能得到婆婆的认可。

有一年圣诞节,荷西要带三毛回马德里的家,这是三毛结婚后第一次面对荷西的家人,神经都是紧绷着的。三毛把她的婆婆想成了一个"假想敌",在家的那段日子总是起早贪黑尽力表现,凡事都抢在婆婆前面,而且一家人几乎所有的事都是三毛帮忙做好的;需要荷西帮助时,考虑到家人的反应,他也没有为三毛说一句话。三毛尽力表现,尽管不自由且累到流泪,却默默忍受着一切。这样一段日子下来,婆婆对三毛有了很大的改观,接纳了她。

那段日子,三毛怀疑过自己对荷西的爱,但这只是一个小小的插曲,虽然没有必要去刻意讨好任何人,但三毛却固执地认为,爱一个人就必然也要爱他的家人,这种爱屋及乌是十分自然的事。因此,她将她的爱也用另一种方式倾注在了丈夫的家人身上，只因为，荷西他值得。

荷西这样一个大男孩儿，有时又是那样大男子主义，却总能在关键时刻在三毛的心上深情印上"一吻"，将那一份原本差点被她忽视的爱，以另一种方式慢慢加深，并融到了一种叫亲情的感情中去。

因此，为着彼此的情意，两个人虽心照不宣，却尽力为彼此做着力所能及的事。婚后两个人一直没有子女，有一个原因竟然是怕子女来分享他们之间的爱，如此幼稚的理由虽然日后想起来两人也会笑，却更加珍惜彼此之间的那一种惺惺相惜的默契。

真正的爱经得住考验，时间和婚姻都不会成为爱的坟墓，只会让爱更加可贵。这世上的爱情也会慢慢化为亲情，在亲情里延续的爱情是永生不灭的。

荷西与三毛，在沙漠细水长流的日子里，相爱相惜，让这一片荒漠中开出了一朵最美的爱情之花，并且在烈日与寒夜中安然绽放着。

愿有远方可奔赴

撒哈拉名字的本意是"空",但是在三毛看来,这是永恒。

诡秘荒凉,原始狂野。这是三毛最初决定去撒哈拉的理由和动机,而撒哈拉也没有让她失望。定居下来的三毛对撒哈拉有了刻骨铭心的爱,每一天这里都会有新的挑战和生活,她挑战着自己生存的极限,为存活找出了真正的意义。

撒哈拉的孤寂是崇高的,如果能够在这片荒漠上泰然生存下来,战胜那狂风沙、酷暑寒,便会收获生命不屈服的耐力和韧性,那么这个人便一定会拥有无上的光荣和价值。

有关撒哈拉的故事,三毛将它们通通变成了笔下的文字,记载着所有平凡下的不平凡,将生活酿成了一杯美酒,让所有闻过的人都会醉。

在荷西的工资积攒到一定程度时,他们买下了一辆车,三毛称之为"白马"。两个人十分爱惜这辆车,自从在沙漠里经受过徒步旅行的痛苦后,代步工具的出现总是让人分外欣喜,就连不会开车的三毛都爱上了"这匹白马",在沙漠中自学起驾驶来,到后来没有办法才去考驾照。

不过,这两个人却又同样地"不爱惜"起了"这匹白马"。

三毛是个软心肠的人,总看不得别人受苦。因此,第一次外出见到需要帮助的人时,三毛便停下车来载了他一程。这是一个带着一只山羊的老人,三毛不忍心他拖着羊独自行走,于是便让他和羊一起上车了,结果一路上不仅头发被羊差点当草啃,车里也留下了不少山羊的"馈赠品"。

因此刚开始时荷西不同意三毛载客,认为这不仅危险而且会弄脏爱车。但后来荷西自己带着邻居家几个小孩出去疯玩之后,就再也没有反对过三毛载客了。他也是一个软心肠的人哪!

沙漠中的人都有很浓的体味,而且受条件限制卫生情况也不乐观,但两人竟都心照不宣地没有对他们表现出一点儿不耐烦或者歧视,这份涵养和爱是让人动容的。

在沙漠中精彩的事有很多,三毛用笔把这一切都记录了下来,往往令人觉得有趣,仿若身处其中。

有一出"沙漠观浴记"便是很精彩的。

有一天,三毛陪荷西去理发,偶然听说本地有一处洗澡的地方,这让三毛十分意外。在她的印象里,没听说有本地的撒哈拉威人洗澡的。打听到了女人们洗澡的时间,三毛第二天便跑去一探虚实，结果真的发现是从沙漠里涌出的泉水，倒让三毛着实感动了一番。

但接下来的经历却是令她大跌眼镜的。看惯了沙漠女人用大块的布包裹自己，三毛第一次看到她们裸着身体，实在是被她们肥硕的身体给震惊了。沙漠女人以胖为美，审美观念相仿中国唐朝，因此三毛在这群人中便显得瘦弱可怜了。这些本地人几年才洗一次澡，都是用石片刮松身上的污垢再用水冲洗，连肥皂也不用。看到那触目惊心的一幕幕场景，忍不住要作呕的三毛奔逃了出去。

但之后三毛对有关"洗澡"的兴趣并没有停止。听说还有一种清理"内部"的洗澡法，三毛便忍不住要去一窥究竟。等她和荷西好不容易找到那个海湾时，眼前见到的场景让他们大为惊讶——

一个一个躺倒的妇女被像用灌肠一样的方法，用皮带往身体里灌水，灌完之后还从嘴里再灌。这样的洗法是很痛苦的，但是之后那些被灌满了水的女人开始在沙地上边后退边排泄，还用沙子把前面的排泄物盖了起来。听到其中一个妇女唱起歌来后，三毛终于忍不住大笑了起来，在暴露之后，两人便仓皇而逃了。后来有人前来询问，三毛便谎称那个偷看人洗澡的东方女人是日本人——对于自己国家在外人眼中的形象，三毛一向看得很重。

打鱼的经历也值得一提。三毛与荷西开车去海边玩，因为开销过大，便生出打鱼来卖的想法。没想到后来卖鱼得来的钱寥寥无几，两人还花了十二倍的价格，请上司吃了一餐自己卖到酒店的鱼。在那之后，打鱼来卖的想法便不了了之了。

除了吃饭穿衣和偶尔几次的冒险以及旅行经历，三毛接触最多的便是自己的沙漠邻居了，而这些沙漠邻居却总是让三毛啼笑皆非。

三毛与荷西这对善良心肠的夫妻名声在外，因此，邻居来"借"一些小物品是常事，而且通常都是有去无回。不仅如此，两个人还被这些沙漠邻居培养成了有专门技术之人：荷西成了邻居的电器修理匠、木匠、泥水工；三毛则成了代书、护士、老师、裁缝——反正都是被邻居们训练出来的。

有几件事让三毛印象深刻：一件是某天邻居小女孩儿拖来了一只被宰杀了的骆驼，让三毛放进她那只有鞋盒大小的冰箱里，拒绝了她请求的三毛还受到了女孩儿妈妈一个多月的冷落；一件是有位"现代化"的本地人要用刀叉吃饭，每次都让他孩子来问三毛借刀叉。后来三毛干脆送给他一副新的刀叉，邻居舍不得用收藏起来，还是照常来借；还有一件是邻居家小女孩儿经常把三毛鞋子穿走，放一双又脏又旧的小鞋在她家中。三毛生气，女孩儿却觉得没错，理由是她的鞋也在三毛家，又不算偷。

撒哈拉威人有句口头禅，三毛翻译为：你伤害了我的骄傲。每每这些邻居用奇怪的逻辑来与三毛争辩时，三毛都哑口无言。

除了三毛家中许多东西成为公用品外，就连荷西也被一个长相甜美的撒哈拉姑娘看上了。虽然此地人三妻四妾不成问题，三毛还是很反感，待到那个姑娘终于出嫁时，三毛大大高兴了一阵。

邻居们给三毛"惹的祸"还不止这些。只要家里没人，三毛家里的水，就会被邻居拿去洗其他东西。有一次三毛洗澡时往身上打了肥皂，却发现没有水冲洗，要去看骑骆驼赛的她只能静止不动忍受别人的嘲笑，因为如果她动了，不仅皮肤痒说不定还会起泡泡呢！

三毛在沙漠中还亲眼见到过邻居家一个十岁的小女孩儿出嫁。因为平日里和这个叫姑卡的女孩儿亲近，她的父母竟然连姑卡结婚的消息也委托三毛转告她。在三毛所不能理解的婚俗里，男方头几年要住在妻子家，彩礼是十分丰厚的，但是娶亲时男方暴力、女方挣扎的方式是她不能认可的。作为一个局外人，她所能做的也唯有叹息罢了。

在沙漠中生活，三毛也会遇到一些人和事让她心疼，她很想为他们做些什么，却也总是无能为力。对于哑奴，三毛便是这样的心情。

三毛与荷西有一次被一位沙漠财主请去吃饭，认识了一个黑人小孩儿，他恭顺有礼而谨慎，让三毛对这个男孩儿既好奇又心疼。后来走的时候三毛偷偷给这个孩子塞了一点儿钱，希望能让他过好一点儿。但是第二天，这个男孩儿的父亲，一位黑人奴隶来找到三毛，要把这些钱还回来，三毛自然拒绝了。

这个黑人是个哑奴，不会说话但是很聪明，通过手势便能够了解他的意图。有一次邻居家砌墙让哑巴做工，高温下的沙漠似乎要把一切都蒸发，哑奴却要在天台上继续工作。三毛不忍心，便让哑奴到家中来，还为他准备了一些食物。哑奴只吃了一点儿，要把剩下的带回去给家人。

三毛和荷西能为哑奴做的事情有限，而且他们与哑奴的关系也遭到了当地人的愤恨，可是两人并不理会，还考虑着能不能让哑奴重获自由。哑奴虽然连身体都不属于自己，但是却会为三毛与荷西做一些力所能及的事：他会悄悄替他们补被山羊踩坏了的天棚；夜间偷水去为三毛洗车；刮大风了，他马上替三毛收衣服，再放在一个洗干净的袋子里。而那些三毛经常借给他们物品的沙漠邻居，却从来没有对三毛他们说过哪怕一声感谢。

哑奴是个懂得报恩的人，还邀请三毛与荷西去他那简陋的家做客。那以后，两个人也尽力为哑奴的家人偷偷准备着一些必需品。但是三毛与荷西还是不能够左右哑奴的命运，在一场大雨后，哑奴又要被卖与新主人了，而三毛所能做的，也只有将家中一块彩色的沙漠毯和一些钱塞给哑奴。哑奴将三毛的这些馈赠全部留给了家人，他则永远被带离了那里。

在沙漠生活苦乐交织，三毛用细腻的笔触将这一切生动再现了出来，里面有她独特的情感，有她掩饰不住的慈悲情怀。

沙漠生活在三毛日渐扎根于这片土地上后变得丰富多彩了

起来，这要得益于沙漠独特的风景、独有的风土人情以及她与荷西夫妻二人乐观、热情的天性。而三毛，用自己的文字记载下了这一切，虽然沙漠的生活永远印刻在了她的灵魂深处，但是却让那些渴慕沙漠而不能至此的人也见识了沙漠的美，变得和她一样，对这个地方充满了乡愁。

第六章

山水一程,再不相逢

为君美容颜,为君生白发,何日共君去,与君长年华。
日夜的诚心祈求最终还是感动了上天,
沉寂了两日,荷西的尸身被找到。
三毛扑上去,泪流满面,真是一场泣血的哀恸。
尸身尽管被海水泡胀了,可他还是荷西,
是三毛挚爱的荷西,不顾父母的阻拦,
三毛抱着荷西的尸首惊天动地哭了起来。

告别撒哈拉

是神,是魔,是天堂,是地狱,是撒哈拉。

从动了心念决定要来撒哈拉时,三毛的心里并无太多悬念,仿佛冥冥中有天注定,来到这里后,尽管一度为沙漠的生活考验流下泪水,却依旧对它产生了深深的依恋。那颗飘浮不定的心在遇到荷西后终于停歇下来,从此将生命交付给这片贫瘠而荒凉的土地。如果可以,她愿一生停留在此,在这里生儿育女,在这里生老病死。

踏上来,原本就是不打算再离开的啊。

只是,造化弄人,世事本无常,沧海亦为桑田,何况这由流沙组成的沙漠呢?终于,也有一天,三毛要离开这片她狂爱的土地了。

三毛到来之前,撒哈拉还是西班牙的属地,但是随着殖民主义的式微和自由主义的泛起，这片土地上的居民开始了自我的唤醒，决定要在殖民地和邻国瓜分的夹缝中寻得自己的生存。

这一切并不是突然来到的，早在三毛遇到了那个沙巴军曹后，一切就开始了慢慢的变化。

一个寻常的傍晚，三毛与荷西出外散步，看到一群撒哈拉人围着一个人看热闹，还有人不停地对这个人进行攻击，而那人却因为醉酒倒地不起。三毛与荷西通过他的着装便知道他是沙漠军团的人，也就是西班牙的同胞。自然是不能看到自己的同胞受攻击和侮辱而不管的，两人很快地从家里开来了车，将此人送了回去，虽然连他的名字都不知道，虽然生平第一次近距离地被自己人用枪指着。

以后，通过渐渐地了解，三毛知道了这个人是一个军曹，而且几乎对所有的撒哈拉威人都抱有仇恨。但是其原因，却是后来一次偶然的经历才了解的，而且，这也为这片看似平静的土地提前布上了一层阴云。

沙巴军曹不是没有名字，而是他宁愿忘记自己的名字，因为在整个军营的人都消失后，他觉得自己再也不配拥有名字了。

那时的撒哈拉威人与军队相处在同一片美丽的绿洲上，尽管是前者入侵到了后者的土地上，但是却两不相犯，和平共处。绿洲很美，美得来此地的人都不自觉地放下了防备，尽情生活着。可是，要知道在沙漠，滴水贵于油，外人自然不觉，但是本地人世代受着干渴的折磨，水对于他们有非凡意义。

因此，就为着用水的争执，一大群撒哈拉威人趁着夜深偷袭了整个沙巴军曹所在的军营，一夜间所有人殒命（包括军曹的弟弟），血水染红了整片绿洲的水源。而唯一活下来的便是三毛他们见到的军曹，因为酒醉没有归来而幸免于难。可是，军曹却再也没能逃过他心理上的磨难。

后来沙漠的局势更加动荡，邻国摩洛哥和毛里塔尼亚要瓜分这片土地，当地人组织起了游击队反击，西班牙已经是毫无意义的存在了，却仍忍受着恐怖的袭击。于是，第一次有大量的西班牙人从这片土地上撤离，这片土地第一次有了大的震荡。

三毛与荷西却仍旧停留在这片土地上，虽然因为战乱也很少外出。留下来不仅为着热爱，更为着荷西还有一份养家的工作，是不能轻易全身而退的。

沙巴军曹的故事掀起了一片阴云，而离"下雨"的时候也不远了。当三毛知道那个以沙漠为家的沙漠军团要带走埋葬的同伴的时候，这暴风雨便开始了。

沙漠，如此美丽的存在，几乎都不能让人想象血流遍地的景象。而那些已经沉睡的人，似乎是为着永留这片土地的缘故，几十年过后，尸骨仍在。当这些"沉睡"的人都要离开沙漠的时候，这片土地也就不再安稳了。

军曹亲手抱出了弟弟的尸骨，让他的尸骨离开了即将有暴风雨的土地。而军曹却为着保护一群撒哈拉威小孩不被炸弹炸伤，与炸弹共亡了。就如同这片让人感情复杂的土地一样，有的人带着恨，有的人带着爱，而那些带着恨的人却在最终毫无办法地爱上了它。

动荡的幕布已经拉起，三毛的生活也不再平静了。

本就是热爱广交朋友的三毛与荷西，无论是对本地人还是对西班牙同胞，都是一视同仁。可是，在紧张的情形下，三毛与荷西还是因为敌对双方的关系受到了一丝波及。邻居开始有了不友好的举动，同胞也开始质疑他们的立场。

天性敏感的三毛因为这些事而伤心不已，却又无可奈何，还因为邻居小孩的戏语"杀死三毛"而一度精神紧张到不能自已。

尽管三毛想避免一切的麻烦，但是似乎所有的事都会不自觉地找到她。那个让她的精神差点崩溃的沙漠游击队首领，那个神一般存活在本地人心中的领袖，居然和三毛有了千丝万缕的联系。

三毛很欣赏本地医院的护士沙伊达，她知性美丽又大方，而所有见过沙伊达的人，也都为她的美而着迷。本以为这里没有配得上她的人，三毛后来却发现，她竟然是沙漠游击队首领的妻子。

荷西与三毛的一位本地好友在一次在封锁极严的环境下，想让他们送他回家，而心情惴惴不安的三毛与荷西却总是无法拒绝朋友恳切的请求。他们对他以及他的家人很有好感，可是在这样一个战乱的环境下确实无法保证大家的安危。朋友恳求加保证，两个人才上了路。

就像往常一样，和这家人的相处总是很愉快的，三毛几乎忘了那时紧张的战乱情况。没有多说话，荷西与三毛和这个大家庭中的成员，包括许久没有回来过的几个兄弟，为家筑起了一层保障。在离开的时候，三毛才知道，原来这位朋友的一位哥哥就是沙漠游击队赫赫有名的领袖。没有想象中的恐怖，哥哥十分儒雅，有着高学历，临走之前还感谢三毛照顾了他的妻子沙伊达。这时的三毛才了解了真相。

世上有配得上沙伊达的男人。三毛本就喜欢沙伊达，往后的日子里也尽力照顾着她，却没想到该发生的还是迟早要发生，尤其是如此的一位与"危险分子"有着密切关系的人。

有一天，独自在家的三毛被急促的敲门声吵醒，原来是沙伊达带着她的丈夫来躲藏。即使非常害怕，但在三毛心里，友情最终战胜了恐惧。她为沙伊达的丈夫包扎好伤口，开始琢磨着如何安置沙伊达夫妇。但沙伊达的丈夫却为了不拖累三毛于当天夜里自行离开了。临走前，他将妻子沙伊达交托给三毛，希望他们能尽快离开，到达安全的地方。

三毛向来视承诺大于一切，她千方百计地求得两张飞往西班牙的机票，要带沙伊达离开。而那时候，由于她的丈夫荷西正在前线帮同胞转移物资和军火，所以不能一同离开。紧要关头的荷西无法分心，只好千托万托同路的友人让他们照顾好三毛，并替她打点好了一切。

就算沙伊达一直隐瞒身份，她的美丽还是为她招来了祸患。有人一直垂涎却又得不到她，于是便借着战争和自身小有势力，诬陷沙伊达，要将她强暴后杀死！

尽管三毛是个局外人，可是那时却一点儿也帮不了她，甚至连靠近都不能，因为诬陷的谎言是"沙伊达出卖了撒哈拉威人的领袖巴西里"，三毛只能眼睁睁看着沙伊达在她的面前受到侮辱和死去！

而沙伊达，知道丈夫死后便心如死灰，因为那是个知道她有危险特意从前线孤身来看她一眼的男人啊！只是，临死前还被侮辱，这是忍受不了的痛，她让冲上来的同样爱慕她的丈夫的弟弟，用枪杀死了她，两个人也一同殒命了。

目睹人生中如此悲惨情景的三毛悲恸不已，虽然也曾打算离开，但是起码还有要保护的人，现在却不得不立即离开了！

离开之际，这片最爱的土地正被暴风雨肆虐着，那些所有爱的人、爱的地方全都在阴霾之下目光不及之处。尽管三毛心痛到无以复加的地步，但面对这一切灾难依然无能为力。

几年的时间，她对这里的一切都有了爱，有了不能被消磨的刻骨思念，却要硬生生从灵魂上把撒哈拉剥离开，三毛痛极了。

不复再见了，那美丽湛蓝的天，那温柔延绵的沙，那绝美孤傲的树，那感人清新的泉，那热情有趣的人。三毛甚至来不及好好道别，便在战争的催赶下匆匆离开了撒哈拉。

对于那些离去的人，三毛的心里总有无限的悲愁，只能在梦回中一次次呼唤着，一次次喊着那句"但愿人长久"。三毛留下了她的心，留下了她的梦。有谁能真正离得开认作故乡的地方？不，这里的一切都还在，撒哈拉永远有一个沙漠女子叫三毛。

离去的是三毛，留下的也是三毛，对于这片沙漠上的一切，包括三毛自己，都会在心里默默说着一句："但愿人长久。"

万事皆可期待

再远的路也有走完的一天,而再绝望的巷口,也还是会有一个新的转弯。本以为逃离那片让她泛着乡愁的沙漠一切便没有意义了,谁知道这仅仅只是另一个开始。告别沙漠,三毛开始踏上了另一段新征程。

战乱中,荷西无暇顾及三毛,一心帮公司和国家运送物资,而三毛则是最后一批逃离沙漠的人。逃离撒哈拉后,三毛辗转来到西班牙马德里,在那里办好了签证,又转乘一架小飞机,停落在一个叫作加纳利的大西洋群岛上。从此令她一生难忘的岛屿生活,就这么跌跌撞撞地扑进了她的怀里。

荷西是个能干的丈夫,在三毛空手逃离沙漠的家时,他已经将沙漠中的一切物品都安全运往了加纳利,包括那匹"白马"。在三毛辗转从马德里来到加纳利时,荷西与三毛已经好久没有见面了。见面后的两人,也没有各种罗曼蒂克的言语或者举动,只是淡淡问着分别时的一些琐事,情感虽然没有变得淡薄,但是形式上却悄悄发生了一些变化。

随公司同进退后的荷西,在这个小岛上住了下来,公司给他们安排了宿舍,还给配了黑人服侍。三毛随着荷西而来,一开始自然免不了要住这种集体宿舍,也免不了要接触这些所谓的工人。

初次与黑人工人的接触经历让三毛大大输了一局。从机场回家去的路上,一个穿大花衬衫的瘦高黑人司机开着车一路狂奔,本就多病的三毛这一路下来不但被折腾得浑身难受,而且好几次被这种急速行驶的状况吓到——有一次差点撞到人,还一点儿都不避让地要轧上去。

这仅仅是第一次与黑人工人接触。

到达宿舍后的三毛,在荷西的带领下走进了属于他们的房间。水泥地上有一个木制的架子,上面摆放着一些盆景,房间里还有好几个大竹筒做的灯,高低错落,分外雅致。三毛一看便知道是荷西的功劳,带着笑深情地看着他,连夸好看。而荷西从回来后第一次深深拥抱了三毛,头埋在三毛的颈后,待到三毛推开他,发现荷西的眼睛湿润了。

离情让他分外思念三毛,在战乱荒烟下,他有他的使命,可是心里面却惦记着妻子,但是正因为了解三毛,所以他又放心让她一个人上路。没有什么能够代表心头想说的话,所以也许一个简单的拥抱反而能够表达得更多。以后的路，相依相偎还是要一起走下去的啊。

荷西的工作越来越繁忙，甚至连星期天都不能好好休息，这次从机场接三毛还是提前两个小时下的班，待到回去已经夜深，荷西甚至连食物都没吃。三毛亲自下厨为荷西和他的同事做了饭，这一切才算是有了一个平稳的节奏。

在整理行李的时候，三毛发觉穿在荷西身上的衣服显得空荡荡的，惊觉分离的这段日子他消瘦了那么多。一问才知道，荷西不仅刚刚得过痢疾，还要在受伤的情况下下水干重活，在三个月的时间内打捞了七艘沉船。

三毛心疼荷西。这样一个实心实意的男人，在同事们耍滑偷奸休息的时候，仍认认真真做事，一句怨言也没有。就算在工资没有按时付、星期天也要连续干活的情况下，这个山一样挺立的男人却仍坚守着。三毛唯一能做的，便是尽全力照顾好他了。

但是接踵而来的一系列问题却摆在面前。从机场遇到第一个黑人司机的那一刻起，三毛就注定要会一会这些让她头疼的各路人马了。

三毛还是一样做着家务，认真为荷西准备着三餐。但是却拿这些黑人工人一点儿办法也没有：他们屡次偷东西，偷食物，该做的事情却一点儿也没有做。三毛总是与人为善，所以一开始知道是他们偷东西，便好言相劝，还会多给他们一点儿钱，希望下次不要再犯。结果还是让她大失所望,因为一切都没有丝毫改变。但三毛又不能直接辞退他们,因为失业对这些人而言是个巨大的损失——一大家子人需要养活,虽然赚到的那点钱可能连肚子都填不饱。

当老板娘杜鲁夫人造访过后,工人们还是被辞了。三毛过意不去,临走时还让他们带走了一些沙丁鱼罐头作为安慰。辞退工人的目的很简单,考虑到有了三毛这个免费劳动力,老板娘巴不得省下工钱。

合住生活伊始,本着睦邻友好的态度,三毛一开始还会帮室友清洗床单,但是好意被误解后便只顾自家的生活了。在一个新的地方,一切总是要慢慢适应。

合住的日子总让人感觉身心受限,不久,三毛与荷西便物色到一幢独立的房间,搬了出去。

新家虽然狭小,可是两个人单独住,比起合居的日子不知要自由多少。而新家也就像是一个新的起点,三毛的生活渐渐开始发生了变化,生活慢慢走上了正轨。

正是在与荷西单独住的日子里,三毛遇到了一位让她终生怀念的朋友。

荷西与三毛本来就是极爱淘荒的人,当初在马德里两人就常常跑去旧货市场闲逛。在定居到加纳利群岛后,因为一系列节日的临近,小渔港附近聚集了许多手工艺人,因此在摊贩出现的第一天,两个人便迫不及待地去逛了。

在第二次逛夜市的时候，三毛与荷西遇到了一位日本人。这个人一开始将三毛认作了同胞，而三毛则用简单的日语跟他说明了自己的中国人身份。就在这样简单的对话和交易下，这个诚恳的日本青年居然要给荷西和三毛买的东西打半折，理由只是因为同是东方同胞。

如果冷冰冰的相遇或者不闻不问，一切的生活都是平淡而又波澜不惊的吧，但是如若不小心投下了一颗石子，激荡着心情，那么怎么又能让这波澜平复下来呢？

仅仅为着都是东方人，为着一份异乡的情绪，三毛便难以忘怀这个人了。走出去好远，三毛又与荷西商量着邀请那位日本人到家中，简单吃一餐饭也好。本就好客热情的荷西听言便同意了。

这位日本青年叫莫里，在国外半做手工赚点钱半旅游，这次巧遇三毛与荷西，便将他们当作朋友。在异乡吃到一顿热喷喷的饭食，哪一个人都会把心打开的吧？莫里和三毛夫妇建立了友谊，还常常送他们一些零碎的小手工艺品。

由于莫里的西班牙语并不流利，三毛的日语也十分有限，因此两个人交流的时候还会借助纸笔。就这样，三毛知道了莫里的许多故事；荷西，虽然不能跟莫里用语言做更多沟通，却也很喜欢这个人，还计划着要把他的毛衣给过冬只有单薄衣服的莫里穿。

虽然新家自由，但是毕竟空间局促，三毛与荷西免不了常常撞到彼此，让两个人心理上的空间都局促了起来，因此，很快两个人便通过房东搬到了同一个住宅区的后排公寓去了。

这个家才算得上是一个真正意义上的家，价格虽然贵点，但是空间变得大了许多。新家坐落在一个斜斜的山坡上，还有一个大的阳台，从窗户向外看去，一排排白房子迤逦到了海边；厨房的后窗更像是一幅美丽的画框，伴随着水光山色，分外美丽。

家，就在几度流离后再次建立起来了。任何地方，只要有一个地方可供休憩，有一个爱人伴随身边，那么这个地方就是一个甜蜜蜜的家，一个能够让人魂牵梦萦的地方。

经历过了战火，也经历过了波折，新的家总能给人一种新的喜悦，三毛在新家里怡然自得，生活上也更随性和安稳了。

很长一段时间，三毛迷上了饭后散步，经常一个人在黄昏时外出，享受着黄昏时刻那份独特的安宁和惬意。三毛喜欢一个人独处的这段时光，不愿意别人和她分享，好朋友不行，甚至荷西也不行。固定的路途虽然每天都是一样，但是思绪却是翻飞的，三毛需要利用这段安静的时光释放，好让她能够得到灵魂上片刻的自由。

三毛也怕黑。每次回家晚了，穿过黑影幢幢的林子时，三毛总是分外紧张，好几次嘱咐荷西隔一段时间便在阳台上站一会儿，这样她看到他在那儿也就得到了安慰。虽然心灵上需要自由，但是更深的灵魂里，荷西才是三毛真正的安全感啊！

就这样，在这片长年吹着海风的小岛上住下来后，伴随着许多人和事的生活又开始重新翻涌起来，拒绝不掉又摆脱不掉，三毛沉寂了一段时间的灵魂重又活泼起来，在这个有着温柔海风的地方，一遍一遍地演着一出出新的生活剧，让人痴也让人醉。

真正爱美和有活力的灵魂是注定不会永远沉寂的，在加纳利的三毛，又开始了一段新的征程。

重启生活

新家在斜坡上昂然而立后,三毛的生活也变得更加丰富多彩了。在这个家和身边的邻居们之间,开始有了一种互相依存又微妙的变化。

虽然是西班牙的属地,但加纳利岛上还是有很多外国人来此度假游玩,因此各种口音杂糅。三毛会讲好几种外文,于是便与不同的人讲不同的语言,以至于连荷西都产生了不满情绪,认为这不是在自己的国土上了。

搬到加纳利群岛上首先复苏起来的是三毛的拾荒梦。对于这样一个将拾荒爱到骨子里的女人,只要条件允许,哪里都是她的天堂。新家附近有数也数不清的完好无损就被人们丢掉的东西,小到花草书籍,大到建筑材料、电视机等,简直是一个拾荒的乐园。而就在这里,三毛认识了今生唯一一个拾荒的同好，一位邻居的儿子。

岁月就是这么奇妙，不经意间处处有惊喜，而呈现出的方式也不一样。这位拾荒人是职业的，曾经做过小学老师，而三毛一想到当初她的拾荒梦正是被一位小学老师所阻挠，就觉得这一切十分有趣。

这位职业拾荒人不仅功力比三毛强，而且更具眼光，不知不觉间教会了三毛许多东西。而后来，两人也一直有联系，互相交换着拾荒拾到的宝贝。

新家安稳后不久，荷西的母亲便带着家人来到岛上探望，这无形间加重了三毛的负担。战乱后的心情还没彻底平复，经济方面也是一团糟，为了不使婆婆扫兴而回，三毛让荷西预支了工资，尽心尽力照顾着婆婆一家，任劳任怨。

但是这仅仅是方便了他人而已，三毛的内心还是很受伤，因为婆婆从来没有问过三毛他们的困境，更别说一句安慰，来看他们仿佛也只是到小岛上的一次度假。而三毛的父母亲，每次打电话总要询问是不是需要钱，尽可能想让女儿女婿好过一点儿。

日子安静下来后，荷西照常去上班，三毛则在家处理各种家务。经过了撒哈拉生活的不平静，三毛深知不能再随意结交朋友，不能让她好不容易平复下来的生活再次乱套。于是，搬到新家后，三毛便很少去问候邻居，关起门来过着她独自的生活。

在一开始荷西还没有申请到新的工作前，他还是照常去撒哈拉的工地上班，三毛便常常在家独守着那份宁静。但是一个心地善良和热情的人是绝不可能冷漠下去的，助人的天性使得三毛不能对邻居们的困难漠视。从刚开始外出时搭载邻居一程，到后来主动和邻居们打成一片，这并不是偶然的。

三毛经常能看到一个老人顶着烈日在扫街。三毛是最看不得别人受苦的，如今望着这样一个年迈的老人勤勤恳恳地帮大家清扫街道，心中说不上是气还是心疼。

有一天，在老人清扫一棵不断被风吹下落花的树下时，三毛终于忍不住了，跑出来把那棵树狠狠摇了一阵，帮着老人一起打扫起来，还请老人进屋去喝茶。

善良的人是伪装不得的，因为内心的天使会让她的眼睛向着四面张望，容不得她闭眼。

最终，三毛还是"屈服"了，她不再把自己锁在小屋后面，而是开始慢慢与邻居们交往。三毛先是与这位老先生一同打扫街道，后来又和住在附近的邻居们熟络起来。

从前，三毛认为自己是个"势利"的人，但凡不能让她受益的人她都不会交，而偏偏她身边的人都能够让她受益匪浅。在加纳利小岛上，住的多是一些到南部来休养的老人，因此三毛经常接触到的邻居也是这些人。

第一次受益的经历是在和一对老夫妇散步后。三毛本想着回家途中搭载他们一程，谁想这对夫妇却宁愿步行，还拉三毛一起与他们同行。自以为身体强健而敏捷的三毛却在回来时深深被打败了，不仅走得脚疼而且因为怕冷身上还披上了老人家的外衣，这几乎让她无地自容。而这对夫妇给三毛的建议便是，年轻人不要总在车里待着，要多走走。

第二次是在园艺方面。三毛与荷西在后院种了一点儿萝卜，因为心急长势，每次都拔出来看看，结果却总不如意。这一切被一位邻居看在眼里。有一天，邻居看不下去了，告诉三毛这样是不行的，还主动帮三毛打理花园。

后来，三毛的院里不但菜长得好，花也欣欣向荣。三毛以为老人曾是花匠，询问之后才发现，老人一辈子只和钱打过交道，现在独住，心态乐观。这种生活态度深深影响了三毛。

还有一次，三毛因要修理家具，认识了一位老人，这位老人退休后还帮别人修修补补的，活得很是快乐。后来老人还邀三毛去看他们组织的音乐会，让三毛对这群人的认识再一次产生了大的改观。

一群退休了的老人，在月光下，弹奏着、舞动着、欢乐着……这种对生命的热爱和对短暂人生的把握让三毛既感动又动容。月光映照在大海上的那个晚上，三毛不由自主地想到了生与死的问题——

生命是这样的美丽，上帝为什么要把我们一个一个收回去？我但愿永远活下去，永远不要离开这个世界。

在参加完老人们的音乐会后，三毛还得知其中一对老人恋爱了。他们那种喜悦的心情，让三毛的内心久久不能平静。仿佛久旱的心灵遇到及时的甘霖，不仅有老人们带给三毛的感动，还有年轻的小邻居带给三毛生命中的震撼。

附近的一家瑞士邻居有一个小男孩儿，独自照顾着患肝癌的母亲和双腿残疾的父亲，生活中的一切都以他的父母为中心。男孩儿很爱母亲，所有母亲想要的东西他都会尽可能完成和做到。

小小的年纪背负重任，他一边上学一边料理着家中所有的事，还要忍受着父亲醉酒后的责骂。三毛心疼他，让荷西带他去看了一场电影，却不想男孩儿一心只惦记着病弱的母亲，根本没有心情玩乐。

而事情的最后更让三毛感到震惊：男孩儿和他的父母没有血缘关系，是被领养回来的。男孩儿知道一切依旧尽心尽力照顾着"父母"，直到他的母亲病逝。面对这样一位无私的男孩儿，三毛被深深触动。

本就善良的三毛，也将她的爱回馈到了邻居们身上。三毛与荷西曾料理过一位邻居的后事。本来打算不与邻居们过深交往的三毛，在有一次得知她以为的"空房间"里还住着一位老人时，内心十分煎熬，她无法放任这样的事不管，于是，便主动招揽上了这个"麻烦"。

一开始，三毛先是做好饭菜给这位邻居送过去；后来，干脆翻过墙去将这位老人的家彻底清理了一番。得知老人一直是吃罐头维持生命，三毛更加关怀他。老人最终因为脚上长了坏疽而慢慢死去，虽然荷西与三毛将老人送往医院，仍没能挽回老人的生命。对于这样一个无依无靠、没有亲友照管的老人，三毛与荷西尽到了所能做的一切，并不理会别人说他们多管闲事的流言。

生活恢复正轨后，三毛仍要面对生活中的一些麻烦事，在面对女佣玛利亚时，三毛便十分头疼。

尽管一切家务都是由三毛亲自操持，她也不喜欢有人再来家中打扰，但是根据规定，房东还是安排了女佣为每户人家做打扫。而这位叫玛利亚的女佣便堂而皇之地闯入了三毛平静的生活中，差点让三毛的世界再一次乱套。

荷西对于女佣有着孩子般的复仇心情。因为小时候被女佣欺负过，因此他总是幻想着有一个可以复仇的机会，而如今这个机会便摆在了他的面前。荷西的复仇计划竟是去捏女佣的臀部，这让三毛简直无奈极了。

最初见到玛利亚时，三毛便被杀了一个下马威：这位名义上的女佣不仅不帮三毛做家务，还详细地询问着三毛的情况，语气也很不客气，仿佛她才是女主人一般。后来更加证实了这位女佣不是善类。

三毛原本很自由的生活也因为玛利亚而被迫改变着。玛利亚到家中打扫的时间是一定的，而每次到来，三毛总是为她准备好吃喝。但是玛利亚不仅不领情，拒绝清理马桶不说，平常的家务活也很少干；不仅不好好打扫，还经常乱翻三毛的物品，不管什么都能被她翻一遍，看到喜欢的东西问也不问便会擅自拿回家。

玛利亚还常常跟左邻右舍说三道四的，蜚短流长。三毛无奈极了，想让房东先生换一个人，却被告知剩余的几位也叫玛利亚，换来换去总之都会是玛利亚。三毛无奈，只好忍着。

三毛本着善良的心想要帮助玛利亚，还经常为她开脱。但是后来才得知，这位玛利亚不仅家中并不穷困，因为拿着各种福利待遇的原因，生活过得不知道要比三毛好几倍。受到欺骗的三毛果断辞退了她，但是玛利亚却拿到了失业金，比以往过得更好了。

除了女佣，三毛生活上还遇到过一个很难缠的人，也几乎把她和荷西的生活搞得一团糟。

原本生活平静的三毛，有一天被一位来家中卖盆栽的老婆婆给"降服"了。这位卖花女不仅口才厉害，而且手段也一流，常常让三毛在百口莫辩的情况下就买了她的花，而且很多花都是作假没有根的，几天便会死去。不仅如此，荷西也同三毛一样稀里糊涂中了圈套，每次遇到这位卖花女必然要吃亏。后来为躲这位卖花女他们玩起了老鼠避猫的游戏，白天都不敢开门，但凡她从门口经过他们都不敢在家中发出任何声响。

这位"伟大的推销员"让三毛和荷西的生活中出现了一些不大不小的波澜，但是更多的，还是生活中平淡的节奏。

三毛在一段时间内迷上了石头上作画的艺术，起初每次都花钱去买，友人建议，何不自己捡石头来创作？于是三毛便常常跑去离家不远处的海滩那里捡石头，大大的海浪让她险些送命，多亏有人救了她。

三毛对着一块块石头冥想起来，她称这种行为是"和石头对话"，她觉得每一个石头都是有灵魂的，有它要告诉她的故事。

这些画出来的艺术品让荷西都惊叹不已，三毛更是爱若珍宝。有一次被一位朋友来家偷走了几块，三毛还曾伤心不已；更有一次，因为清洁工不知情将这些宝贝给丢了，三毛伤心极了，冲到了海边的一块礁石上哭了很久。

对于石头的狂热慢慢淡去，三毛的生活回到正轨，而在搬家前结交的一位日本好友莫里消息的再度出现，却让三毛的内心又受了一次波动。

莫里在后来一次旅行中丢失了身上的所有物品，那段时间里他很渴望三毛与荷西的帮助，而两人却因为搬家的原因和莫里失去了联系。后来再度相遇时，三毛跟荷西内疚不已，但是好在这些事慢慢过去，也出现了帮助莫里的人，两人才慢慢放下了心头的歉意。以后三毛回想起时，总是忍不住感叹着："哀愁的人，给他们安慰，饥饿的人，给他们食物，而我所能做的，为什么总只是后者！"

身处异国他乡，还有一件让三毛惊喜不已的事，那是她与家乡一位表姐夫的相遇。那时表姐夫因为做生意暂时停靠在了三毛居住的群岛上，竟巧合地遇到了三毛。第一次见面，两个人都没有认出彼此，还是通过乡音确定了彼此身份。他乡遇故知，这样的相逢，在三毛眼里，无论如何都是大事一桩。

由于第二天船就要走，于是表姐夫请三毛与荷西，还有一位女友去船上共餐，饭食是中国传统的饺子。荷西以往只吃过三毛的"作品"，断定不好吃，结果吃过姐夫家包的饺子后赞不绝口，立即就喜欢上了。剩余被带回家的饺子，三毛在晚上怀着思乡的心情偷吃掉了大半，为着这件事，荷西与三毛的女友还大大责骂了三毛一番。

为了让荷西和女友不再对此念念不已，三毛又尝试做起了饺子。渐渐地，她掌握了火候，做的饺子越来越好吃。三毛在后来还自封为"饺子大王"，并为此扬扬自得。

不论生活如何变化，在加纳利群岛上，在这个长年吹拂着大西洋海风的地方，三毛的生活又一次被岁月温柔抚摸过了，不管有多少难以言说的痛，还是有多少难以忘怀的梦，在这个地方，在这个新的起点上，一切又都有了新的模样。

三毛常常做着拥有一片农场的梦，幻想农场的种种细节，还经常存钱买彩票，期望中大奖然后就能有钱去买下一片农场，开始她农场里的幸福生活。这一切甚至深深感染了荷西和三毛的一位女友，因为太过浪漫而又美好，谁都不愿意承认这只是痴人说梦。

一段日子结束了，总有另一段日子来弥补，生活不停地向前，不会留给人太多喘息的时间。而这也正好，来不及忧伤便又能去欢笑了。三毛在加纳利的生活便是如此，如此温柔美好，仿若一段新生。

美丽的陷落

没有太多的悬念，只要去到一个新的地方，三毛总是能发现其中的美丽，所有的地方经她的心和脚踏过，就一定会熠熠生辉。

在定居到大加纳利岛之前，三毛就曾一遍遍幻想着它的美丽。三毛有一个习惯，那就是每去一个新的地方之前一定将有关它的书籍细心看一遍，先充分了解它的情况，再去身临其境，看看个人的感受是不是跟书上写的相同。

于是，当踏上这片土地的时候，三毛的心里已经有了一系列的构想，关于古希腊吟游诗人的描述、奥赛罗的航海路线、特洛伊战争的盛况，都提早在她的心里面演示一遍。

虽然已经定居在大加纳利岛，但是对于这个和"金丝雀"同名的地方，三毛总是百看不厌，关于它的历史、风俗、人物，三毛如数家珍。从脚下的土地出发，再次探寻新的领域，这便是再自然不过的一件事了。

对于外界而言，丹纳丽芙岛是群岛中与大加纳利岛齐名的所在，因此，三毛与荷西旅行的第一站便选择了它。对于先入为主地想象一个四周环绕着蔚蓝海水、中间伫立着一座大雪山的美丽岛屿的三毛来说，当与荷西驱车行驶在拥挤的人群中时，不免觉得有些失望。但是当三毛在看到一只"大金刚"游走在街上后，意识到这里正在举行嘉年华活动，不禁再一次兴奋了起来。

丹纳丽芙是西班牙盛大庆祝嘉年华会唯一的一个省份。嘉年华时，万人空巷，一到黄昏，人们便会打扮好倾巢出动，有些公司和学校还会团体化装游行，分外热闹。这个岛上的居民身体里仿佛流动着狂热的血液，每到嘉年华，便会装扮成各种各样的角色，在嘉年华热闹的气氛里绽放快乐；四周的小贩也趁着节日的氛围做着快活的买卖。

荷西和三毛自然不会放过这样的机会，两个人本来就是小孩子一样的心性，到了能够玩闹的时刻，立刻便转化了身份，成为这狂欢队伍中的一员。

荷西给三毛选了一顶玫瑰红的俗艳假发，他一点儿也不装扮，任由太太头上像是开出了一朵大红花似的，连三毛看到镜子里的形象都被吓了一跳。三毛想借着"红头疯子"这样的角色去吓一吓其他小孩儿，但让她失望的是，几乎所有孩子的装扮都比她的要可怖。不过，却有一个小孩儿上当了，大嚷着说三毛是一个红头发的中国人。三毛将计就计，说她的脸是假的，还让那个孩子摸，让周围的人都大笑了起来。

荷西让这样一个显眼的太太走在街上，怕是旁边的人都要来"抢"了，在这样一片祥和的氛围里，警察也是笑看着不管的。荷西都不得不感叹，在这样的气氛里，三毛不仅变得幽默而且脾气好了起来，以往别人对三毛指指点点时，三毛还会嫌别人无理呢！

花车游行的时候，因为人多看不见，三毛让荷西把她扛了起来，于是三毛便看到了那无比欢乐的场景。三毛为其中一个小丑叫好，因为她觉得小丑像是毕加索的画中走出来的人物一样。在这欢乐的海洋中，三毛感悟了许多，为他们对生命的热爱而动容，认为那是一颗颗"赤子之心"。

与丹纳丽芙的热辣相比，三毛与荷西转到的拉歌美拉岛就有些寂寞了，这里就连教堂里的神父都渴望能够与人多交谈。拉歌美拉岛是以口哨闻名的，因此一到这里，三毛便心急地想要听人吹口哨（她是不会吹的）。

这里人少且荒凉，但是却有它独特的风土人情。三毛去一家商店时，见到一个跳西班牙舞用的响板，店主热情地为他们演示了用法，还在店外边跳边唱了起来。这位妇人还给三毛唱了她自己编的诗歌，都极为押韵，让三毛听得入了迷。得知这些都是临时起意而从来没有被记录过时，三毛大为惋惜。

三毛与荷西来到这个岛上的时候，这里也在过嘉年华，不过形式，是往别人的身上撒白粉。由于这里的人比较羞涩，不敢往荷西和三毛的身上撒。待到在广场上找到人后，三毛才真正听到了想要听的口哨声。

只见两个中年人在广场的两边分别坐下，其中一个吹口哨，另一个则按吹出的口哨音的意思做相应的动作。三毛第一次尝试让这边的人吹口哨，让另一边的人站起来，那边的便立马站了起来；三毛对吹口哨的示意让另一边的人跳舞，另一边就真的做了一个舞蹈的动作；后来三毛大笑着要请他们喝酒，结果听了口哨音的附近的大男孩儿也都纷纷要求同去。三毛觉得她好像处在一个用鸟声说话的梦境里，高兴得不能自已。

这个岛上的居民很朴实，三毛建议他们可以开发这个项目做旅游，但是他们还是愿意简单地过着自己的日子，尽量这门绝技也渐渐在失传。这里的青年人会在空白的墙上写大字，表示他们渴望建个电影院，但是却不愿意学这门逐渐失传的绝活儿，三毛觉得实在很可惜。

拉芭玛岛是个被三毛形容为"杏花春雨江南"的美丽地方。在这里，不仅风景美，人也特别有人情味。三毛与荷西一同坐公交车去看风景，公交车司机不但热情地将他们让到了最好的位置上，一路给他们讲解着风土人情，还擅自偏离公路带他们去国家公园里逛，每到一个地方就拉他们下来看，而全车的乘客竟然也都没有反对。

就在司机带他们去的一个地方，三毛发现了一个美如中国江南桃花源一样的所在，这让她深受感动，恨不能长久住下来。三毛看一个农夫砍芭蕉的长刀入了迷，那位农夫便十分慷慨地送给了三毛，连刀鞘都解下来给了她。这里的风土人情让她痴迷不已，三毛想着，如果有一天能够选一个终老的地方，拉芭玛岛肯定会是选择之一。

但在拉芭玛岛却还有一件让三毛不快的事发生——一个女疯子扯去了她的几缕头发和荷西的一些胡须，便逃走了。三毛对这件事耿耿于怀，幸而当时没有发生什么事。但却在几年后，在这里，在拉芭玛岛上埋下了三毛终身挚爱的人。

作为有着"海和火山爱情结晶"的加纳利群岛，兰沙略得岛便是体现了这样一处神迹的地方。这里的土地是深色的，布满了大大小小的火山，极其具有震撼力。三毛几乎是毫不费力就爱上了这里。和当地的人交谈对三毛来说也是很看重的一件事，因为对她来说，没有人，再美的地方也吸引不了她。

当地人建议她和荷西一起去兰沙略得附近一个小岛上去转转，说那里很美，值得一去。于是三毛便与荷西出发了，在那里花了很少的钱吃住了几日，而对于荷西来说，那几日更是幸福。

荷西喜好潜水，而在那座小岛的水底风光尤为美丽动人，荷西下去一次后连连赞叹，还遗憾不能与三毛一起同享，回味之余又下去了一次。

待到旅行结束要回到家时，三毛甚至都觉得有点茫然和无奈了。

三毛与荷西除了在加纳利群岛旅行外，还去了一个叫"马黛拉"的地方。这个地方与加纳利群岛齐名，不过却是属于葡萄牙的一个海外行省，同样以旅游著名，但更为悠闲一些。三毛在这里待得越久，反而就越觉得它可爱。

在这里发生了几件让三毛记忆深刻的事。

有一件是三毛与荷西去一个小店买东西，三毛看中了一个红泥巴做的天使像，要买的时候老板非要往里面放四个。由于语言不通，三毛用手比画着她只要一个，但是老板很固执，还带三毛上楼去看，结果发现三毛选中的是当地用来装饰屋顶的物品，一定要四个一起才配套。但是三毛还是坚持最初的想法，老板便固执起来，宁愿不卖给她。在他看来，传统要比生意重要多了，这倒让三毛大为惊叹。

还有一件事是三毛与荷西发现一处酒馆，见到外面的桌子是酒桶状的，便起兴要在这里喝酒。三毛抬头看到那家店的招牌时不禁觉得很有趣，还让老板和那个招牌一起合影。店名就只有"酒吧"两个字，但是由于楼上是殡仪馆，而招牌上是一起写的，所以便成了"殡仪馆酒吧"。店主大窘，拼命解释着，但三毛和荷西觉得这很有趣、很有特色，就连街上的行人也跟着哄笑了起来。

吃饭也有不得不说的趣事。三毛和荷西去一家餐馆吃饭，看见有烤肉，便说要五串，把店家惊住了。三毛不解，坚持要，结果等烤肉上来的时候她和荷西都被惊呆了——那个所谓的松枝烤肉一串就有一百二十厘米长。后来三毛退了另外四串，但是也够呛吃得完，不过店主还送了他们温柠檬水助消化。虽然吃得很撑，但是三毛还是觉得味道好极了。

当地有一个特色是从山顶上坐滑车到山脚，三毛与荷西一同坐的时候还加上了一个西班牙女孩儿。滑车速度快，后面还有两个拉绳控制速度的拉车人。但是就在这样的情况下，那个西班牙女孩儿却害怕得不得了，手掐着荷西的腿，让荷西的脸色都变了。等到了山脚，那两个拉车的人浑身都湿透了——最辛苦的还是他们。

三毛最不忍看到别人受苦，单独给了他们小费，还真诚地表达了感谢，心里面却是五味杂陈。她还想到了能够减轻这些人劳动的一个好主意，很认真地讲给导游听，导游却认为她只是在讲玩笑话而已，并不多予理会。

三毛与荷西两人的足迹遍布了加纳利群岛，也踏遍了所能去到的一些美丽的地方。这些足迹，不仅仅是对于一颗爱美之心的见证，更是她和荷西爱情的见证，因为在这些足迹里，有着两颗相依相偎的心。

旅行中最可以见识到一个人的真实品行，对于三毛这样一个热爱旅行的人来说，则是完全把整个最真实的部分都体现在旅行中。旅行中的酸甜苦辣，在她看来，都是一场修行，难得的是那份心情和感悟，这是用什么都买不来的。

有一次，三毛外出旅行，在车站里见到一个跟她要钱的中年人，说是要买一张船票去对面。但是他要求的数目和那张票的钱并不一致，因此三毛几次都避开他。但是这个人似乎就认准了三毛一般，几次三番前来，跟三毛磨叽着。但三毛一直躲着他，打定主意不去理他，因为她觉得这个人是骗子。可就在离开前，三毛心中的同情心又忍不住泛滥了，她想就算是受骗，也不能让一个也许需要帮助的人错失了受助的机会，因此返回去给了那个人那笔船票的钱，比他要求的数目还多。

事实证明，那个人真的只是需要一张船票，数目不对是因为他身上还有一点儿钱。三毛当时非常窘迫，觉得她做了一件很不光彩的事，受着良心的谴责。而经过这件事后的三毛，更加坚定了那颗要帮助别人的心，以后就算是被欺骗，她也会那样做的。

旅行，让原本平凡嘈杂的生活变得有了新的意义，让生命因着别处的风景而受着净化和感悟，对三毛与荷西这两个大地之子来说，才是最真实的生命体验。

死亡之岛

最美的风景,是爱人给的陪伴。如果一生之中没有一个人能够一起相随看风景,那么所到之处也只是一片灰暗而已。

在加纳利群岛,荷西有一段时间是处于失业状态的,投递出去的简历都像投入大海中的石头,一去无回,杳无音信。两个人都在家中静待消息。那段时间,两人每天都只吃一顿饭,这在以后竟然成为一种习惯,三毛回到台湾后依然改不掉。

后来,荷西终于有了一份工作,工作地点在丹纳丽芙岛,三毛与荷西之前旅游过,离所住的大加纳利岛并不是很远。荷西在此地所做的工作是做一片人造海滩,将它开发成旅游景点。不论怎样,新得到的工作还是让两个人大大高兴了一阵,经济状况也有了好转。

荷西去后一周左右,来信告诉三毛,说还没有找到住处,但是如果三毛过去，会先租下一个小公寓住。不是不会生活，尽管三毛留住此地而荷西周末回家可以为这个家庭省下一大部分钱，尽管去与荷西同住之后工资的一大半都付给了房租，但是爱情的相思不能让两个人忍受分离的痛苦，那种精神上的损失是钱财所代替不了的，所以两个人不顾别人善意的劝阻，还是住到了一起。

人造海滩建成之后，在一个除夕夜，两人相偎看着美丽的风景。十二点将至，荷西催三毛赶快许下十二个愿望，三毛不知是怎么想的，内心只是重复了十二句："但愿人长久。"这句无意识的话让三毛心里一惊，觉得不是什么好兆头，但是情浓景好，也就不放在心上了。在那样的时刻，两个人深情互望着，像是要把对方看到骨子里去，荷西轻轻地在三毛唇上一吻，这种极美的情致，竟让三毛心里有了一种说不出的伤感，也许就像是川端康成说的"美到极致是一种哀伤吧"，太过美好，反而怕失去。

因为刮起了风，怕三毛着凉，荷西将三毛裹在了他的大衣里，而三毛贪恋这种美好的情感，竟不愿意离开了。有些事情，注定要发生，是躲也躲不开的，就像是除夕夜许下的那个不祥的愿望一样，一切都已经被触动了。

有一天，邮差寄来一份邮件，三毛没来由地感到心慌，还担心是不好的消息，差点将包裹撕烂。结果信件只是让荷西去拉芭玛岛报到而已，并没有什么异常。

但仅仅是拉芭玛岛这个名字，就已经让三毛心慌了。记得之前去旅游时，拉芭玛岛给三毛和荷西留下了很好的印象，但是也有一个让三毛想起来仍然心惊的回忆。岛上据说有一种巫术，但是幸好没有发生什么，三毛之后也就忘记了。

在荷西去到拉芭玛岛一周后，三毛也跟随而至。在再度踏上这片土地而且即将要和荷西重逢的时刻，三毛却没有预想中的喜悦，相反地，初见之下的两座大火山给了她一种没来由的沉重和压抑，让她觉得这里不大对劲，而之后，这种不对劲的感觉一直紧紧抓着她的心。

到岛上后，三毛一直不断地做着同一个梦，梦里，她总是一个人坐火车要去什么地方，一种很深的孤独感伴随着她，而且，她记得所有梦里的细节。三毛总是被这种梦吓醒，而好在醒来之后她的手总是被荷西握着，这多少给了她安慰。

就是在这样的一种情况下，有一天三毛再度被吓醒后，看着荷西，突然发疯似的摇醒他，对他说着"我爱你"，而荷西竟也被这句话给惊骇到了，重复确定了三毛的话，不禁扑上来紧紧抱着她——这句话荷西等了有十几年了，从他还是一个十几岁的少年开始，就一直渴望三毛能够爱他。结婚五年多，两个人却为着这样一句情话一夜难眠，第二天再见面时居然彼此都有点羞涩，不敢看对方的眼睛，仿佛一对刚刚恋爱的少年一般。

三毛自从感觉到不对劲之后，一直觉得那个预兆是指向自己的，也就是说，她觉得离开的那个人会是她。三毛还有心绞痛的病，但是每次去看医生，却又检查不出病因来，这更让她确信了。

因为知道要别离，所以就更加珍惜彼此，甚至三毛的这种没来由的紧张情绪也深深地感染了荷西。

荷西去上班后，三毛便独自去菜市场买菜，还经常会顺道去荷西工作的地方去看他。去得久了，每次都有人微笑着为她指路，拉绳叫荷西上来，而上来不过几分钟的时间，两个人也不怎么说话，只是互相依偎着，在大西洋的天空下分享着甜点或者水果。

每次荷西下水后，三毛便会呆呆地看着水面，愣神好一阵。同事看了不解，问到他们结婚多久，得知已经是五年多的夫妻感情却仍那么好时，都十分不解。

他们不能明白三毛与荷西之间的这种感情，尤其是两个人心中现在面临着一份随时会失去对方的感受。

荷西经常是小跑着回家的，而平日里见不到妻子，便会大街小巷到处去问："见到Echo了没有？见到Echo了没有？"他还用加班赚来的钱给三毛买了一块手表，告诉三毛以后一分一秒都不可以忘记他。对于这样一句不祥的话，三毛的心里又是一惊。

三毛经常去找荷西，已经成了一种习惯，以至于当她有一天没有去时，荷西便立即担心起来，觉得一定发生了什么事，连潜水服都没有换便开车回家了。果不其然，三毛的心绞痛又发作了，荷西心疼得不得了，恨不能替妻子受这份苦。

一直预感到要离开的是她，所以三毛在这样的情况下，几乎是哀求着荷西，让他在她死后再娶一个太太，最好是一个温柔的太太。荷西怎么会答应？他狠狠地说着，要是三毛死了，他就要一把火烧了房子，然后再乘着一只船在海上漂流到死。

这种不安的气氛一直笼罩着两个人，以至于荷西都想要在工程结束后就带三毛离开这里。

这种惺惺相惜的感情几乎无时无刻不体现在点滴的生活里。有一次，有杂志向三毛约稿，让她写一篇叫作《假如你只有三个月可活，你要怎么办？》的文章，而得到题目的三毛只是笑了笑，并不想理会。荷西知道后很好奇，便同样询问三毛，三毛那时正在给荷西包饺子，想也没想就对他说道："傻子啊！我不肯死，因为我还要替你做饺子。"

如此平淡的话语，在荷西听来却好比是世上最动听的情话一般，他上来环抱住三毛，一直到饺子上桌才放手，而眼眶一直是红红的。

荷西受这种不安感觉的影响也是极重的，他也变得十分敏感。三毛在家期间经常会熬夜写作，而荷西知道后虽然不怎么言语，却盼着三毛能够早点睡。三毛得知丈夫好几天因着她熬夜而没有睡着觉后，便决定搁笔了，她不忍心丈夫睡不好觉，因为荷西有一个多年的习惯，睡觉总是要拉着三毛的手才能睡着。

三毛与荷西在拉芭玛岛上的那一年，远在台湾的三毛父母趁到欧洲旅游的机会决定来看他们。

这在三毛和荷西看来，是再惊喜不过的消息了，两个人兴奋了好久。三毛还想让荷西叫父母作"爸爸妈妈"，虽然当时在欧洲的传统里那样未免太肉麻了，但是三毛称呼荷西父母亦是如此，想让荷西规规矩矩做一个"中国女婿"。

父母到欧洲后，三毛先陪他们在西班牙游历了一番，然后才带他们去了当时居住的拉芭玛岛。在机场见到岳父岳母，荷西紧张得没有多说话，叫了三毛父亲一声"爸爸"后便不声不响提起了行李。三毛的父母很喜欢这个素未谋面的女婿。

有一天在饭桌上，一家人吃着饭，荷西突然用很不流利的中文说道："爹爹，你让三毛同意我买一辆摩托车好不好？"就为这一句只有三毛才称呼的"爹爹"，三毛躲在卫生间里用毛巾捂着脸哭了起来。若不是爱她至深，又怎么会肯如此相称她的父亲呢？

有了摩托车后，荷西便经常骑着摩托车载着岳父游览岛上风光，而平日里一家子一起吃饭，也是其乐融融。荷西与三毛第一次觉得这个家变得热闹了，就连以前两人一直不想要小孩的想法此时都让彼此觉得讶异，开始想要一个新生命了。尤其是荷西，他以前告诉过三毛，说他缺乏家庭的温暖，现在与三毛的父母在一起生活，他突然觉得这才是一个真正温馨的家。而本计划稍做停留的三毛父母，也在岛上停留了一个月之久。

但是，快乐的日子终究是要过去的，就像这座弥漫着死亡气息的岛屿，虽然欢乐的时光看似将这一切掩盖了过去，但是殊不知反而是一场"回光返照"，一切要来的，终究要来。

一别,永不相见

第一最好不相见,如此便可不相恋。
第二最好不相知,如此便可不相思。
第三最好不相伴,如此便可不相欠。
第四最好不相惜,如此便可不相忆。
第五最好不相爱,如此便可不相弃。
第六最好不相对,如此便可不相会。
第七最好不相误,如此便可不相负。
第八最好不相许,如此便可不相续。
第九最好不相依,如此便可不相偎。
第十最好不相遇,如此便可不相聚。
但曾相见便相知,相见何如不见时。
安得与君相决绝,免教生死作相思。

——仓央嘉措

不知道这一转身，竟然成了永别。荷西送三毛与父母上了飞机，独自留在了拉芭玛岛，留在了这个一开始就感觉着不祥的地方，命运终究是躲不开的。

三毛看着荷西的身影越来越远，越来越淡，不禁心里面掠过一阵寒意——她想到了那个经常出现在她梦中的场景，那里面她总是一个人孤独地走，有一个人为她送别，说着："你要乖哟。"现在离荷西越来越远，那种不祥感也越来越真切。

终于，噩梦还是到来了。刚陪父母到英国没有几天，三毛就收到了来自拉芭玛岛的噩耗，荷西出事了。

荷西还是像往常一样喜爱水底的世界，三毛离去后，他决定下海去钓鱼。但是这一次，却是潜下去再也没能浮起来。三毛与父母赶到的时候，连荷西的尸首都还没有见到，这简直让三毛发了疯。她日夜祈求着，恳请着她最信仰的上帝，希望能够用她所有的忏悔来换回荷西，就算是最后找回来的他是不完整的、是残缺的、是丑的也没有关系，只要还能够再看他一眼。那两天的三毛，几乎一夜间就生了白发。

为君美容颜，为君生白发，何日共君去，与君长年华。日夜的诚心祈求最终还是感动了上天，沉寂了两日，荷西的尸身被找到了，三毛扑上去，泪流满面，真是一场泣血的哀恸。尽管尸身被海水泡胀了，可他还是荷西，是三毛挚爱的荷西，不顾父母的阻拦，三毛抱着荷西的尸首惊天动地哭了起来。

深爱着的人，尽管离去，依然情深。在三毛的哭泣声中，荷西的伤口突然开始流血，鼻子、眼睛、嘴巴，都开始流出了鲜红的血液。这是他能够为她传达的最后一个真实的信息了吧，用他的鲜血代替眼泪哭泣，告诉三毛他对她未尽的爱。

就在荷西葬礼的前一天，三毛独自提前来到了将要把荷西葬入的那片墓园，在这里，她要亲手为他挖一座死后的住处。三毛一边哭泣，一边用那双荷西生前夜晚睡觉时常常握着的双手死命地刨着、挖着，直到泪水混合着血水再和着泥土有了凹陷的形状，也没能停下来这一在外人看来疯狂的举动。

终于来到了这一天，要亲眼看着曾经那么鲜活的人安眠到冰冷的泥土中去，三毛实在是受不了这么残忍的打击。就在入葬的那一刻，三毛疯了一般，扑上去对着荷西的尸身大哭，这一生估计都没有那天流下的泪水多。这还不够，三毛甚至做出了扑到荷西墓中的举动，她要跟他一起下葬。反正他死了，三毛也已经死去了，留下这副躯壳又有什么意思呢？

葬礼因为三毛的狂热情感无法继续下去了，三毛的父母也是强忍着泪水死命拉住了女儿，才没让三毛扑到荷西的墓中去。她的情感就像是冲破闸门的洪水，已经完全收不住了，失去了控制。无奈之下，她被注射了镇静剂，但是仍死命地喊着："荷西回来！荷西回来！"

那个叫着三毛"我的撒哈拉之心"的男人永远地走了，带着三毛的心一起走了，再也回不来了。三毛从荷西下葬的那一刻开始，心就已经死了，留不住了。

同样是父母，荷西的家人和亲属参加完葬礼，只是哭了一阵吃了饭便出去了，他们还有"更重要"的事要做，那就是上街买打折的烟酒、手表等他们"缺少"的东西。儿子没了，日子继续，反正还有一大堆儿女，反正从来就不怎么关心这个儿子的情感，关心的只有他工作后没有寄回家的钱。

这一生，也只有和荷西在一起的地方才是家，那么如今，荷西下葬在墓园，似乎墓园就成了三毛另一个家了。每天清晨，三毛起床后便会到墓园里荷西的坟前去，一坐就是一整天，直到太阳西沉。

她去得实在是太频繁了，就连守墓人都认识了她，每到夜深，总是一遍又一遍地催着，让三毛回家去，因为不忍心。但是哪里还有什么家呀！这样冷冰冰的地方，起码还有那个亲爱的人沉睡着，起码还有一丝丝的安慰。

在安静地与荷西"相陪"的日子里，三毛总是看到那两座第二次来岛时看到的大火山，那让她感到分外压抑的火山，如今却静悄悄矗立在那里，不再有任何的意义。

死去的人永远安眠，活着的人却忘了还有"生"的意义。怎么能够忘怀呢，不仅有悲伤来压着她，更有许多实际要处理的事情摆在面前，不得不让她去面对。葬仪社的钱还没有交，荷西的身份证和驾驶执照必须去警察局交接，死亡证明必须去法院申请，荷西的工作合同证明还要去马德里的总公司索取……

三毛简直要垮了，这个节骨眼儿上仅悲伤都还不够，哪有精力去一趟趟奔波呢？要一次次面对荷西死去的事实，一次次陈述过程，这让三毛觉得生不如死。

最疼爱三毛的爸爸妈妈也只能眼看着却无能为力，这些事情必须三毛亲自处理，而且父母不懂西班牙文，帮不上任何忙。但是他们本身的存在给了三毛以力量，这个时候，什么也比不上至亲的人在身边的安慰，他们的话语和拥抱，要比任何的帮助来得更直接和有效。

荷西的坟墓是由三毛亲手挖的，那么丈夫的墓碑也必须由她亲自刻画。三毛请一位木匠给荷西的坟做一个十字架，样式由她来设计，上面刻的铭文是三毛拟定好的。

老工匠只说了一句，不要刻太多，否则会刻不下的，因为他知道三毛对荷西的深情，一两句话是根本不够用的。但是三毛却并没有多用什么话，这个世界上所有的言语都已经苍白，又怎么能去再说什么话语。他的名字就是一切了，是三毛心中永生的印记了。

"荷西·马利安·葛罗。安息。你的妻子记念你。"简短的语言，深刻的爱情，全在里面了，不用给别人看，不用解释给任何人听，只一个名字，他所有的一切就已经在她心里了。三毛独自背着十字架和木栅栏，不要任何人插手，一步一步将它们背到了荷西的坟前，再用手挖开坟前的土，用石块一下一下将木栏钉在了坟前。

父母怎么可能再让三毛这样下去，他们眼睁睁看着亲爱的女儿一夜白头，然后迅速消瘦下去，还一天天守着荷西的墓不肯离开，他们实在是怕这个痴情的女儿最终也随荷西同去——他们太了解自己的女儿了。于是，只能将三毛带离这个地方，不能再任由她这么疯狂下去了。

在父母的苦心劝说下，三毛答应同他们一起回台湾，那里毕竟还有她的家人在，再任性也不能将父母置之不顾。要离去的那天，三毛让父母在墓园外等着，她要和荷西做最后一次的道别。

在荷西坟前，三毛一次又一次亲吻着那块刻着他名字的墓碑，心里面渴求着荷西给她离开的勇气，终于掉转头狂奔着离开；在跑了一大段路之后，却又不自觉地回首，这一回首，竟又是不舍，便又向着荷西的墓狂奔而去，哭倒在荷西的墓前，泪洒一地。

三毛想到了荷西睡觉前一定要握着她的手才能安睡，现在，在那冰冷的坟墓中，她简直不能想象荷西要怎样才能好好睡着，也无法忍受荷西已经离去的事实，不禁又一次疯狂起来，拼命挖着荷西坟前的土，想要再一次将荷西挖出来，再抱他一次，再看他一眼，直到双手又一次流出了鲜血，直到父母不得不含泪强行将她带走。

可是，就算是至亲的父母也不能够明白，他们的女儿已经不完整了，失去了荷西，三毛的心也没了，就算将她带离，就算带她离开这片土地,也不能再替三毛安上那颗心了。

曾经最为挚爱的人,那个有着大胡子如古希腊海神般英俊的男孩子,那个第一眼便固执地爱上了她、而她也渴望做他太太的人,那个曾经在树下被嘲弄为"表弟"的固执等待三毛的男孩子,那个等待了她整整六年青春时光的男孩子,那个为着她放弃所有一切远走撒哈拉的男人,那个为着一个家没日没夜拼命工作的男人,那个今生唯一一个叫她"我的撒哈拉之心"的爱她胜过爱自己的男人,那个视她父母如亲爹娘的男人,那个用情至深的荷西,就这样先三毛一步,从她的世界里离去了,留给后者的,是再也拼凑不起来的一颗死去的心。

从此,世上没有了一个活泼热辣的三毛。

  记得当时年纪小
  你爱谈天我爱笑
  不知怎么我们睡着了
  梦里花落知多少
  ……

第七章

漫天星光，
流离失所

三毛安安静静地守了荷西一年，心境也渐渐从容了许多，
面对生死爱恨，也看透了许多。
只是，如果问到此生的最爱，
提到那熟悉的两个字，她还是会动容，
只因为，那份爱从来就没有消亡过，
等待越久，只会越爱。

梦中的橄榄树

那个此生挚爱的人已经彻底沉眠于地下了，无法回头，生者还要继续生活，起码在这个世上，三毛的其他角色还要继续扮演，比如，她还是父母最宠爱的女儿。

三毛父母看女儿如此消沉和悲恸，自然是不能放心将她独自留在这个岛上，即使一家三口一同回到台湾后，他们依然不放心地将她放在身边，时时看着她，才能最大限度地避免那个他们想也不敢想的可怕念头。

但是尽管是在父母的看护下，尽管还有一众友人诚挚地恳求着三毛，这个已经悲痛到不能自已的人还是试图自杀。女儿的念头是如此可怕和难以打消，作为母亲只能每天以泪洗面，而父亲则更甚，对着三毛抛下了这样的话："如果你敢做出这样毁灭自己生命的事情，那么你便是我的仇人，我不但今生与你为仇，我世世代代要与你为仇，因为是——你，杀死了我最最心爱的女儿——"面对着父母这样的态度，三毛更是痛苦。

这些年虽然三毛身居国外，但她的名气却早已经响遍了亚洲，到荷西离世前，三毛已经是个在中国尤其在台湾地区家喻户晓的人物了，甚至于还有读者特地跑到国外三毛居住的地方去寻她。现在，荷西离世，更是有着一大批热爱三毛的读者纷纷落泪，为三毛悲痛着。

电话不断，信件也不断，尽管三毛很少有精力回复，这份真情厚谊却在时刻鼓励着三毛。这些读者里面，还包括名声甚至比三毛还要大的言情冠首琼瑶。

三毛与琼瑶，都是因着彼此的文字而结缘。三毛从少女时代起就爱看琼瑶的作品，几乎是每个黄昏都等着那份连载有《烟雨濛濛》的报纸，为着琼瑶笔下的故事而痴迷；而琼瑶，自从看了三毛写撒哈拉沙漠的文字后，亦是深深为她和荷西的爱情而感动，还寄给了三毛她的一部作品《秋歌》。两个人都恰好姓陈，三毛叫琼瑶作陈姐姐。

相近的灵魂总是会有共鸣，她们从彼此的文字里窥察到了那份情感，还未见面就已是熟稔。自从1976年三毛回家休养时到琼瑶家中的拜访，到荷西离世后的再度相见，两人已经不自觉地成为挚友，那么这次三毛遭遇人生中最大痛苦的时候，琼瑶自然是不会坐视不管的。

早在知道荷西死讯的第一时间，她便与丈夫联名给三毛发了一封急电,上面写着:"Echo,我们也痛,为你流泪,回来吧,台湾等你,我们爱你。"

三毛回台后不久,琼瑶便想要去看三毛,但是那时三毛在父母家中,怕不方便,于是琼瑶便邀三毛至她家,告诉她不要顾忌,让三毛到她家中去哭,去闹,去讲。总之,琼瑶要和三毛讲话。

后来三毛把她与琼瑶的那次谈话写了出来,命名为《送你一匹马》。马,是这一生三毛最爱的除人以外的生命,爱到刻骨;而失去荷西后,三毛也早已忘了她心中的那匹马,直到琼瑶再度"逼"三毛承诺活下去,而后又送给她一个画有一匹马的陶盒子,里面还有一包不谢的五彩花。

那次三毛与琼瑶的谈话近七个小时,琼瑶一直要求三毛承诺不自杀,最后终于让三毛妥协了下来。三毛是个重承诺的人,当时对琼瑶几乎是"恨"了,恨她要逼她承诺,因为一旦承诺了的东西,三毛是绝不会辜负的。

正是因为那七个小时的谈话,三毛最终在那段时间放弃了自杀的念头。当三毛再度穿着一袭彩衣而不是那沉重的黑衣来到琼瑶家的时候,她也不得不感谢琼瑶,给了她一段新的生命。她形容之后的感觉就像是在琼瑶家喝的那杯茶,也像是撒哈拉威人喝的三道茶最后一道的滋味——淡如微风。

那以后,三毛暂时看透了一些,平静下来的她想到还有父母在,便不再生自杀的念头。她说,这一生最爱的人有三个,只要其中任何一个还在世上,那么她就不可以死,任是神也不能拿走她的生命。

但是日子并不能平平静静按三毛预想的那样过。几年之后台湾的文化界,出现了一些关于三毛与荷西的谣言。其中一些谣言说荷西没有死,只是因为和三毛感情不和而离婚了;还有人说这个世上甚至没有荷西的存在,是三毛杜撰了一个丈夫。

这一切都深深地中伤了三毛,使得刚刚从丧夫之痛中缓过来的三毛再一次悲痛起来。无奈之下,三毛与父亲一同上电视辟谣,出面终止了流言。

她本是个不会理会别人想法和说法的人,但是这一次她无法忍受了,因为这关乎一个她至爱的人,怎么能让人去伤害那个她深爱的人呢?

在一切似乎都渐渐淡下来的时候,三毛又开始了她的"流浪之旅"。对于这样一个似乎生来就注定漂泊的人来说,没有什么能够阻挡她前行的脚步,还有对生命意义无限的探寻。

一个春天,三毛去到东南亚地区及香港旅游。其中,在泰国的经历让她记忆深刻。三毛体验了一次飘浮在空中的经历,那是一种身后扎着降落伞由汽艇将人拖起来后,可以像风筝一样飞起来的活动。当三毛被拖起来时,她感觉自己像是一面飞在海上的彩色的帆。但她的心里却是与自由快乐相反的另一种感受:她的心不知为何狠狠痛了起来,像是出血了一般,因为她不自觉地想象着这种飘浮的感觉应该就是死后灵魂在飞时的感受。

飞翔时应该有的喜悦和自由，却在三毛那里成了另一番有关生死灵魂的旅程。她不是参不透生死，却在这种心境里带着痛去体悟：让灵魂放飞却仍有一根线牵着，这根线的那头，是亲情，是友情，是放不下的牵绊，不能也不忍去断开。想要挣脱开的那一端日夜盼着能与那个所爱的人早日相聚，紧紧牵着的这一端却又以无限的爱苦苦守候着她，所以她的心会痛。

东南亚之旅结束后，三毛又转到了香港。和她一同旅行的还有摄影家水禾田，在他的回忆中，那次的旅行也是充满乐趣的。车子行驶在曲折的小路上，车里放着由三毛作词的《橄榄树》。三毛从来没有认真听过自己写的歌，在她看来，那些都是后期被改编过了的，不能算是她的原创作品，但在如此应景的环境下，三毛不自觉与水禾田一同唱起了《橄榄树》。

她的人生，也像极了这首歌，不要人问她从何处来，也不要人在意她到哪里去，她只是无目的地在流浪，停不下她的脚步，只是匆匆从一个地方赶往另一处不知有什么等待着她的地方。她爱极了却也是厌倦极了这流浪，也许曾经有过瞬间的安宁，却又要不断失去，不断迫使她再度踏上新的征程。

她终究是忘不掉、也放不下心中的那棵"橄榄树"，尽管在台湾备受呵护，尽管在四处继续着前行的脚步，却始终在意那个让她魂牵梦萦的地方，不得不再度前往，急切地想要投入它的怀抱。

从香港回来后，三毛常常于深夜静坐在书桌前，开始自己早在幼年时就爱做的随意写作的游戏。写着写着，她竟发现自己居然在写自己死亡时的场景。在三毛的笔下，她是在一个座谈会上突然死去的，坐在闪光灯下的人们先是呆住，沉默过后，响起了三三两两的掌声，继而有更多的掌声响起。因为他们觉得三毛这样死去是离开最好的方式，诚实且不虚假地在众人面前离开，没有恐惧，没有痛苦。

写下这一段话的时候，三毛也被吓了一跳，那种潜意识中总想杀死自己的念头一直都存在，没想到在这种时候来得更突然。她知道动动笔就可以杀死一个众人眼中的三毛，甚至有一次打电话时骗别人说三毛死了。但是三毛却放不下长久以来的好教养，不能自由说出"你见鬼吧"这样的话，那么那些念头也就只是念头而已，但她始终还是不自由的吧。

为着挣脱心里始终放不下的牵绊，三毛最终还是决定要去那个地方，去到那个让她曾经死过一次的地方。既然放不开，那么就面对，长久逃避下去的话，她的心里总有一个结解不开，如鲠在喉。

去吧，去到那个有着橄榄树的地方吧，三毛的内心在轻轻呼喊着。

心碎未亡人

尽管准备回台湾,但是三毛仍然不敢直接面对它,而需要有一个适应过程,需要一个缓冲带。瑞士,便成了她选择的那个缓冲带。

三毛不知道的是,她的一生中好多事总像是命中注定一般,逃也逃不开。尽管一开始只是随意做的选择,但一切却沿着一条注定了的路走下去,分毫不差。

三毛多年来总是反复做着同一个梦,梦里面,她与所有的人告别,却要独自去到一个地方,那种清清楚楚的孤独感和痛苦常常将她从梦中惊醒。她记得所有的细节,但一开始只当这是一场噩梦而已。

所有的一切从她再度离开台湾飞往瑞士时便按下了启动键。从三毛在家中数混杂着好几个币种的钱开始,那种梦境里的感觉便悄悄出现了，她几乎立刻就捕捉到了。在机场和父母分别时，三毛不敢去看他们的脸，怕那是如梦中一样模糊而没有五官的面孔。

三毛飞往了瑞士，在瑞士洛桑车站，女友来接三毛时，三毛简直不敢相信她的眼睛，因为这完全就是梦中的那个车站，一模一样。

三毛从来没有想过她会和车站有什么关系。所有的旅行，大部分因为距离遥远，都是乘飞机；剩余的都是短途，要么乘公车要么乘船，倒是从来没有坐火车的机会和经历。三毛不明白，为什么梦中总会有一个车站，而她要坐上这趟列车一直向前走。

在女友家略作休息后，三毛便去了意大利，后来她再次回到女友在洛桑的家。有一次女友说要去车站接几个人，而三毛为了印证她之前的想法，也一同去了。再次确认，那车站同梦中是一模一样的，分毫不差。

原本没有要见的人，但是在与故友通过电话后，却改变主意想去见面了。三毛当时是在瑞士法语区，除了女友外没有什么认识的人，但是在德语区却有很多朋友，其中就包括当时在加纳利群岛的一个邻居的儿子，还有一家关系十分亲密的人。

三毛旅行有其他计划，本要去维也纳看一位堂哥，却被这一家人热情地要求见面，还打算开车来接三毛。洛桑的女友知道后，劝三毛坐火车去，既方便又不会太麻烦。在听到要坐火车的那一刻,三毛有点吃惊,几乎是下意识地拒绝了,但是为了不麻烦那家人,最终还是决定坐火车前往,内心却十分害怕梦境中的那个场景会重现。

就在离去的那一天,女友特意穿了一件红色的衣服为三毛送行。三毛知道这一切要发生了,因为梦境里就有一个红衣女子,不过她这时才意识到原来那个红衣女子就是她的女友。到了车站,三毛几乎不用去多想什么,连女友嘱咐她的六号月台也是那个数字。在她看来,不过是一次又一次地重复上车,这一切已经在梦里演习过很多次了。火车开动了,三毛却还在等一句话,直到女友用中文说出那句:"再见了!要乖乖的呀!"

这一切终究是来了,三毛想不出任何理由,只能任由自己走入这片梦境中,只她一个人,没有任何人的陪同。

在开往巴塞尔的路上,三毛看着窗外的雨,呵着白气画出各种图案;途中见到的妇人、三个兵,都让她觉得无比熟悉,在她,这些已经是见过很多次的面孔了。每一站中途停下的时候,她都有一种想要跳下车的冲动,但是最终却仍然什么也没有做,一直到了终点站。

在巴塞尔,三毛的故友全都热情地迎接着她,到了她最熟悉的马利亚妈妈拉赫家中后,三毛彻底放下了自己,痛痛快快哭了一场。这一家人不管是父母辈还是孩子辈,都和三毛很要好,她在这里得到了很好的休息。家中还有三毛与荷西的相片,三毛看着那个已经不在了的人,心中无限伤感。

在这里，三毛还见到了那位她今生唯一的拾荒同好，两个人见面却是几近无言。得知马利亚妈妈曾经对着她的照片说过一句"不要再撑了"，三毛一下子泪崩。再好的地方也不是她心中最想念的那个地方，尽管所有人都想要三毛多住几天，三毛还是偷偷买好了离开的机票。

告别的那天，三毛将这些可爱的人的脸仔仔细细看了一遍，将他们全部印在了心上，然后才离开。

这一次飞往马德里，三毛却做了一个短暂的逃离，就像她在火车上无数次想做的那样，既然那里没有什么真正等待她的人，那么能拖一天是一天。她在飞机中转的时候，先是把行李寄到了马德里，她则去了巴塞罗那。下了飞机，三毛坐上了一辆出租车，告诉司机直接去游乐场。司机被吓了一跳，转过头来问三毛是不是坐飞机来就专门为去一趟游乐场。

游乐场里，三毛静静看着来往的人群，心情渐渐放松起来，偶尔有人过来，看三毛独自一人，便好心问要不要一起，三毛总是说，还有她的先生陪着她。后来，三毛决定短暂遗忘，坐上了云霄飞车，吃着棉花糖，拽着黄色气球，那个时候的她在丧夫后的苦痛中，第一次感到了幸福，感到了疯狂的快乐。

但是也只能逃避这一夜而已，该面对的还是要面对，尽管再不情愿，三毛还是回到了那个已经没有丈夫身影的马德里的家。

夜幕已经降临，三毛在门口轻轻叩着，不知道该怎样去面对,就连走廊里的脚步声都让她感到胃绞痛。婆婆给三毛开了门,见面后,抱着三毛便哭了起来。不管以前如何,这一刻为着一个共同的男人还是会心酸的吧。三毛来的时候没有通知,寄来的明信片也是不同国度的,以至于没有任何人想到她能来。

三毛想要睡荷西的旧房间,但婆婆却让她到小妹的房间去休息,还问三毛要住多久。婆婆让三毛立即与家中其他人通电话,并让她去一一拜访。在三毛累极了的时候,婆婆没有给她喘息的时间,这个家少了一个人就似乎少了很多东西,有好多的阻碍在面前。

除了荷西,这个家中最真诚对待三毛的就是小妹伊丝帖了,三毛回来后,她真诚地欢迎着三毛,还将三毛拉到无人的浴室,很认真地告诉三毛,她是爱她的。伊丝帖的微笑和荷西是一模一样的,性情也相近,三毛在这个家里最爱这个小妹了。

紧接着婆婆便迫不及待地跟三毛讨论荷西死后房产分割的问题,告诉三毛如果要卖房,一定要经过他们的同意。婆婆固执地认为荷西生前是十分富有的。提到荷西,三毛常犯病的胃又开始痛了,她不想一开始就谈这个问题,只是推托着,想晚一点儿再说,她不想在荷西成长的家中讨论这个问题,怕荷西的灵魂会不安。

好不容易睡着的三毛,又梦到了荷西,小时候的荷西。在梦里,荷西想要一个新的练习册,恳求着爸爸妈妈,却没人去管他,为怕老师责打只好将旧的练习册上的字迹用橡皮擦去,却没办法擦掉老师批改的红色痕迹，伤心地哭了起来。梦醒后的三毛，也是泪湿了枕头。

第二天，与公婆外出前，公公拿着一张装有荷西相片的相框，说着相框值多少钱云云。三毛在心底里伤心地想着，与其在荷西死后在意相框的价格，何不在当时多为荷西买几个练习册。

比起在这个没有亲情的家，三毛当时在马德里的街坊邻居却是真切地爱着她的。糕饼店的妇人亲眼见证了三毛初到马德里的窘迫和与荷西相爱之后的幸福，她们感慨着，还因着荷西小时候在她糕饼店打过工的缘故，不肯收三毛买糕点的钱。到了家中，早就有人一遍遍来邀请三毛去家中一叙。因为不肯一遍又一遍聊伤心事，三毛往往坐个几分钟便回来了。

家中团聚，婆婆特地请了姐夫过来，一家人围坐着吃饭，姐夫却在饭前再次提出财产分割的事。

三毛的心在那一刹那碎成粉末了。她恳求着让她吃完这一顿象征着团圆的饭，却被姐夫狠狠训斥了，说她在逃避。婆婆在此时戏剧性地哭了起来，说三毛和荷西欺负她，婚后一年便不给她寄钱了。这个时候，只有妹妹伊丝帖站在三毛这边，为三毛辩护着。

三毛极爱荷西，也不愿意伤害他的家人，一心想要婆婆安心，说除了婚戒，其他东西她想要什么都给她。听到这些话，婆婆没有感激，反而追加了一句："反正你是不要活的。"

就算是失去理智的人也不会在这个节骨眼儿上诅咒身边的人死去！荷西的母亲像是无心似的说着三毛反正要去死，留着那么多东西没有任何用，还不如留给她。比起儿子，她关心的从来都只有钱财而已。更戏剧性的是公公，吃饭时习惯关掉助听器的他没有听到其他内容，却在涉及荷西财产时耳朵分外敏感，等婆婆结束哭闹后，他大叫一声："荷西的东西是我的！"听到这样突然的一句话，小妹的汤喷了出来，而三毛则伏在婆婆肩上大笑了起来。

如今，也只有笑看这一切闹剧了。

小妹伊丝帖替家人感到害臊，她说，父母根本不缺钱，在南部还有橄榄园可以赚钱。三毛却不在意这些，为着荷西，她不肯和他的父母决裂，反倒被小妹说她的想法太中国化。

小妹不会懂得，荷西死后，三毛的心就死了，其他身外之物亦不重要，别人想要便拿去，更何况这个"别人"还是生养荷西的父母亲。她对小妹说，人生如梦，而她在晃荡的秋千架上，决定不再继续穿那暗沉沉的黑衣了。

是时候抛弃这一切的牵绊了。

独揽萤火，照亮孤独

相思骰子安红豆，入骨相思知不知。思念一个人是没有办法可救的，除非真切地看到她，才能够解得了相思。据说有两种别离，生别离和死别离，哪一种的滋味更痛一些呢？对于三毛来说，无疑是后者了。

没有人可以解得了那份相思，那么睹物思人也是可以聊以自慰的吧。离去前，一切都是不忍看的，因为看到的都是影子，那个人的影子，无处不在；再次归来，少了那份刺骨的痛，却多了份化不开的悲凉。

准备出发到大加纳利岛时，三毛想要打电话告诉父母不要担忧，但婆婆居然不让三毛用电话。后来，三毛到了大加纳利岛写信给父母报平安，让他们不要牵挂她。

从马德里那个没有亲情的家回到了大加纳利岛，三毛第一件事便是去到那个她爱的人身边。下了飞机后，没有片刻休息，直奔镇上买鲜花，店里的人看到她回来了都惊讶不已，握着她的手，微笑着，微笑着，不禁流出了泪。外面开车而过的人看见三毛，示意要开车送她去墓园，尽管三毛并不认识他。

去墓园的路上，经过了荷西停灵时的小屋，三毛的心一下子揪了起来，想到了他们相守的最后一个夜晚的情景，在点着四支白蜡烛的房间里，三毛握着荷西冰凉的手守了一夜。

失去荷西后三毛一直是穿着黑衣的，直到在马德里才决定将它脱去。再次来到墓前的她穿着荷西生前最喜欢的锦绣彩衣，她要让荷西看到原来那个三毛，不再为她担忧悲伤。

看到荷西墓时，三毛疯了般扑过去，不顾洒了一地的鲜花。她扑上去亲吻着墓碑，才觉墓碑已朽，就连字迹也辨别不出了，于是赶忙插好鲜花，飞奔到镇上去买油漆和刷子，还买了黑色的粗芯签字笔。路上见到熟人，三毛只是匆匆拥抱了一下；银行行长想要陪她上墓园的善意也被婉言拒绝了。这个时候，她只想单独陪着荷西。

重回墓园后，她发觉守夜人正在挖一座坟，还有工人撬开了坟中的棺木。原来是另一位同她一样身份的孀妇，要将她丈夫的尸骨移走。但是这位穿着黑衣的女子却不敢去看那已经逝去五年的丈夫的身体，怕承受不住，但工人却必须要亲人确认才肯动手。了解情况后的三毛决定代她去看，谁知她看之后使她大受刺激——肌肉已腐烂，一经翻动，白骨就露了出来，只有衣服贴附在上面。

想到五年后的荷西怕也是这个样子，三毛忍不住浑身发麻、发冷、发抖，但是她仍将那位哭泣的妇人从大太阳下扶到了树阴下才离开。三毛踉踉跄跄地走到水龙头下面用凉水浸湿双臂再泼到脸上，才走向荷西的墓。

虽然知道荷西的灵魂已经跟肉体分离了，但是三毛还是不能接受埋在下面的尸体会腐烂的事实，静坐了很久却哭不出来，随后才拿着油漆走到了荷西的墓前。

阳光下，三毛一次又一次地涂着荷西的墓碑，一次又一次拿签字笔画过那些字的凹槽，涂了干，干了涂，直到累得不行了才停下，双手环着墓碑睡了过去。三毛没有哭，只是觉得在做一个妻子分内的事，照顾她的丈夫而已。

三毛到家的时候夜已经深了，但是此地的人情却是暖的，三毛的朋友甘蒂夫妇来了，邮局局长夫妇也来了，一如她回到台湾的家时有很多朋友接她一样。对于这样一个用真心真情交友的人来说，谁能忍住不把心都掏给她呢？

第一个夜晚，再次见到家里那幢白房子，看到在月光下的红瓦屋顶，三毛还是没能控制住自己的情绪，胃跟着绞痛起来。女友甘蒂把三毛的衣箱拿到了她的家里，坚持让三毛在她家住一晚；邮局局长邀请三毛去他家，并给她演奏了电风琴，开了香槟欢迎她的归来，但三毛还是没能忍住投向家方向的目光，还是在举杯时流下了眼泪。朋友们都尽量让三毛开心，拉她去打乒乓球，一直陪到夜深才离去。

第二天一大早，女友还未起，三毛便留下字条迫不及待回到了自己的家中。尽管离开了几个月之久，但是邻居知道三毛要回来，帮她打扫了院子还擦了玻璃，三毛回家后要打扫的只剩下屋里面了。一个星期以后，这个家恢复了原来的美丽清洁，三毛做着之前的事情，只不过这次只剩她一个人。

跟随三毛一同来到的，还有一大堆的信件。三毛不在的这段日子里，寄给她的信没有断过，堆积了一个大布口袋那么多，最后，还是麻烦邮局的朋友开车送过来的。与此同时，还有一大堆的事情等着三毛去处理。

首先是房子归属的问题。因为荷西去世时没有留下遗嘱，所以公婆便想要和三毛分财产，尽管不想被杂事所扰，也想着索性把一切都给公婆，但是法律上却不允许，还要到法院去申报才行。三毛便每日和法院、警察局、市政府、社会福利院、房产登记处这些地方打交道，应付处理各种文件，因为西属撒哈拉那时也已经不存在了，更是麻烦；公婆的文件还要他们出生时的证明材料，两边加在一起，让三毛身心疲惫。

上午要处理各项事务，下午则是要应付大批的朋友来拜访。从来没有刻意去结交朋友的三毛和荷西，朋友却是越积越多。真心对待所有人的他们，受到了朋友们真切的热爱，荷西生前并没有怎么感觉到，在荷西死后三毛则是切切实实地体会到了这份真情厚谊。三毛说这些都是荷西生前在人间放下的感情债，现在全都回报到了她的身上。

朋友虽多,但三毛却觉得孤独,没有人能走进她内心深处,人多了反而觉得累,但是她真诚地感谢着他们。除了接待朋友,其余时间便是在院子里除草,一直到累得动不了了才回屋去睡,期望通过身体上的劳累去缓解她心里的痛。

父母让三毛在大加纳利岛上住个三五天便回去,但是当三毛踏上这个岛的时候就知道根本不可能在几天内就结束,她在此地住了有一年多的时间才离开。以前没有在家中安装电话,现在为着需要才安上了电话。不过她仍然不是很习惯,也不想要别人打扰,并不告诉别人她的电话号码,只是偶尔打出去。

但是每当夜色降临,半夜被惊醒的时候,三毛确确实实感觉到那份孤独,那种荷西不在了的恐慌,连书都看不进去,听着海潮一直到天明,再也睡不着了。对三毛来说,半夜不惊醒的日子便好过很多。

她也一度在笔尖流露过这种感情:午夜梦回不只是文人笔下的形容,那种感觉真是尝怕了又挽回不了任何事情。

三毛实在离不开这个地方,这里有大风、海洋和荒野,沙漠就在对面,荷西的坟就在邻岛上,这里的一切都如此熟悉,而家中又有她喜爱的花和书,怎么离得开呢?

有朋友担心三毛在岛上一个人过日子不安全,三毛只是淡淡告诉他们,她会买一把猎枪带在身边,养一只大狼狗,不允许任何人踏进她的花园一步,不然就拿枪对着他。她也不再穿得花枝招展，黄昏时便紧锁门窗。

天气晴好的日子，她便去荷西坟前坐着，买一束花坐到黄昏，相比于回来后第一次见到荷西坟时的景象，以后便好了许多。

在三毛独居大加纳利岛的日子里，她遇到了一个叫西沙的男人，是居住在英国的中国人，他曾经试图让三毛与他一同生活。他是三毛的忠实读者，为三毛的遭遇痛心不已，于是到大加纳利岛上看三毛。

西沙拉着行李独自一人来到了语言不通的岛上，通过一番波折才找到三毛的住处，当三毛得知后，请他到家略坐，但之后却拒绝了他再来拜访的要求。

西沙并不死心，后来还给三毛寄机票，希望三毛能够到英国游览一番，三毛并没有去，还在后来西沙再度前往岛上看她时，告诉他曾经希望将机票换钱但没成功。西沙再次来到岛上时，三毛解决完遗产的事已经卖了那座白房子，搬到了附近的另一个地方。

西沙的再度来访并没有让三毛感动，三毛只是敬他为客，客气地带他去岛上游览了一番，并不打算让她的生活里多一个不善言谈而多愁善感的人。西沙最终放弃了，也不再写有关三毛的文字，最终静悄悄退出了三毛的生活。

这段时光里，三毛安静地守着荷西，除了做她的事之外，也做着荷西以前才会做的事，并为她的新成就而骄傲，新家便是她和工人们一起建起来的，她还学会了很多其他的技能。

三毛安安静静地守了荷西一年，心境也渐渐从容了许多，面对生死爱恨，也看透了许多。只是，如果问到此生的最爱，提到那熟悉的两个字，她还是会动容，只因为，那份爱从来就没有消亡过，等待越久，只会越爱。

第八章

滚滚红尘，阡陌一梦

　　三毛，她去了哪里？
　　她离开了，她只是去寻找她最爱的那个人，
去寻找那棵梦中的橄榄树，去寻找她渴望的家园罢了。
　　她从虚无中来，最终也归向了虚无，
　　这是她的选择，她会是无憾的吧。

写在异乡的异客

在加纳利群岛的一年时间里，三毛渐渐意识到生者为大，在这个世界中值得珍惜的东西还有很多，而且在这个世界上她还有许多事情要去做。

绕了一大圈，终究又回到了台湾。三毛在家陪伴父母，而对于喜爱的写作，三毛仍然不能放下，于是在《联合报》的资助下，三毛去中南美洲展开了为期半年的旅行，写下了一系列的游记。

墨西哥、洪都拉斯、哥斯达黎加、巴拿马、哥伦比亚、厄瓜多尔、秘鲁、玻利维亚、智利、阿根廷、乌拉圭、巴西等国家都在她的笔下生动了起来，三毛用她的笔记录下了那里的风土人情、名胜古迹。

第一站是墨西哥，经过了长途旅行的三毛体力已经有点透支了,这一次随她同来的助手德裔美国人米夏却因为国外旅行而异常兴奋。接机的人是三毛的一位旧相识,十四年的相识,曾经的男朋友,那位梦想成为外交官而如今已然成真的德国人约根。他没有按三毛的嘱咐去订旅馆,而是带她和助手直接去了他家。

豪华的车,豪华的家,客气有礼甚至小心翼翼的仆人。书架上摆着三毛的书,到家时约根还放起了《橄榄树》这首歌。这一切在三毛眼里只觉好笑,他一点儿都不明白她的心思,在三毛去和仆人握手时,她敏感地读出了他眼中的尴尬,显然他认为这是一个有失身份的举动。

约根以男主人自居,还特地嘱咐三毛一大堆话:"是这样的,此地计程车可以坐,公共车对你太挤。一般的水不可以喝,街上剥好的水果绝对不要买,低于消费额五十美元的餐馆吃了可能坏肚子,路上不要随便跟男人讲话。低级的地区不要去,照相机藏在皮包里最好,当心人家抢劫……"

三毛并没有买他的账,反而事事都反其道而行之,对他很冷淡,助手米夏几次让三毛用好一点儿的态度对待约根,三毛却觉得那只是给别人长了志气,灭了自己的威风。

住在豪华的家中,反而让三毛觉得缺少生活气息,三毛本就不打算常住,而离开前的那个夜晚发生的事更是一剂催化剂。奢靡的上流社会聚会,见到的不过那几张熟悉的面孔,开始之初的客气冷淡到后来的淫逸骄奢,让三毛对这一切产生了厌倦的心态，就连助手米夏也差点被这种环境影响和污染。就这样，三毛甚至没有告诉米夏离开的计划，在安排好了一切后便带着他离开了。

离开约根家的三毛在街头巷尾间才算真正见识到了墨西哥的生活，她也因此而欣喜不已。

虽然一开始，三毛在这座海拔有两千多米的地方产生了高原反应，身体很不舒服，但是适应后的三毛便开始四处游览。

墨西哥吸引三毛的还有很多事物。在博物馆里，三毛发现了很多古代的神祇，最让三毛感兴趣的是玉米神和自杀神，前者是因为她喜欢吃玉米，后者则是她常常就有的想法，更惊异于这个其他地方都没有的神对人自由意志的尊重，为了弄清它，特地跑去问导游，而且亲自研究了一番。爱石成痴的三毛对石刻自然抱有很大的兴趣，但墨西哥的大神雕像却让她觉得惧怕，看起来像是带着邪气的魔鬼。

除了景观外，让三毛记忆深刻的是当地的一种小吃，名为"搭哥"，类似中国的春卷，是直接在人的手心里拍一张饼然后放上馅儿卷起来再食用，三毛觉得像极了一块块小抹布，把吃搭哥叫作吃抹布。米夏吃久了这种东西觉得不习惯，两人去中国餐馆吃春卷，结果只是类似炸过的搭哥一般，让人失望。

约根知道三毛的习惯，因此直接去集市找她，他要带着她去逛。尽管不情愿，三毛还是随着他一同去划船，慢慢地，心情也因着亲自荡起的船桨而向好。这位高贵的外交官在三毛的坚持下吃了当地人才吃的搭哥，能让他这么做的，也只有三毛了。

教堂是个让三毛再度落泪的地方。三毛看到一对夫妇在教堂外跪着祈祷，丈夫的手搭在妻子肩上，后者则挽着前者的腰，维持那个姿势跪了好久。三毛几乎一下子就落泪了，多么希望上天把荷西还回来，哪怕像那对夫妻一样跪着，一直跪成石像也没关系。她还见到一家人在地上跪行，从老至幼膝盖都磨破见了血肉，仍然朝着圣母像的方向挪动，三毛知道那是为了队伍中少了的那一个人在祈祷，再也忍受不住内心的情感哭了出来。

如此虔诚的人向着上天祈祷，而上天真的听到、看到了吗？三毛几乎愤怒了，但又无可奈何，这一切只是让她惊骇和落泪而已，其余什么都做不了，就如同她改变不了荷西离去的事实。在黄昏里，她结束了在墨西哥最后的旅程。

第二站是洪都拉斯，三毛对这里的第一个印象便是兑换的钱币"连比拉"的名字。连比拉是印第安的一位大酋长，三毛每到花钱时，都会戏说花了多少个大酋长。

初到洪都拉斯的三毛因为喝了旅馆的凉水而得了肠炎病倒了，几日后才好转，但仍旧为日后的旅行增添了一些麻烦，加上几乎所有的普通旅馆都没有热水，一路下来更是艰辛。

这儿最有趣的是公交车的名字，叫作"青鸟"，一个幸福的名字。可是三毛他们要去的地方是青鸟到不了的。僻远的乡镇村落，三毛与米夏徒步而行，这种贴近当地生活的方式她是不愿意放弃的。每每看到那一张张贫苦的脸，三毛总是不忍心，尽管经费充足，她也宁愿住普通的旅馆，吃最普通的当地饭菜。

村落中的房间更是简陋，三毛与米夏还住过"落虫如雨"的旅店，更因没有热水洗澡而导致浑身被虱子咬出了红斑，连头发也奇痒难当，不过相比起周围的人，三毛觉得自己仍然是很清洁的。

三毛去了计划中的玛雅遗迹"哥旁废墟"。途中，还在一个教堂的平顶上奔跑了一次，生平唯一一次，让她感到了快乐；玛雅遗迹没有让三毛失望，在这片迷失了千年的丛林里，三毛感受到了来自远古的荒凉，尤其是在草丛里看到一块块长满青苔的人脸雕刻后，那艳绿色的脸让她感到了不小的震撼。

在旅途中，三毛还梦到那辆青鸟将她带到了长满椰子树的海边，她在沙滩上一遍遍画着一个人的名字，而那个人真的从海里面升了起来，拥抱时都能真切感受到他身上的潮湿。当三毛在夜晚海边徘徊时，心里竟然对墨西哥的自杀神念念不忘。这些天在这两个国家的旅行总是勾起她心中的那份伤感。

离开洪都拉斯的时候，米夏提议让三毛坐上一辆青鸟巴士，要为她照张相，三毛却不为所动。在她眼中，这是个青鸟不到的地方，哪里又来的青鸟呢！

三毛觉得她与米夏仿若堂吉诃德与桑丘，只不过身份倒置，这也是一件很有意思的事。下一站去哥斯达黎加，三毛在此地还见到了好友的妹妹和妹夫，两人在当地经营农场，还有一对可爱的儿女。原本就有着农场梦的三毛与这家人性情相投，差点中途放弃，要从头做一个农妇，对她来说，如果真能如愿，那将是余生中最幸福的一件事了。而下一站在巴拿马也是一场家庭聚会，三毛再次深切感受到了同胞的深情厚谊。

相比于其他国家，哥伦比亚算是一个最不按常理出牌的地方了。三毛多次在看有关当地的书时受到警告：这里特别容易被抢劫，而路上的行人也是紧紧护着皮包，十分谨慎。三毛住的旅馆擅自调价，路上小吃摊贩收了钱不给东西，警察随意粗暴抓人、放人等，都让他们印象深刻。

三毛对此地海拔三千米以上的一座教堂印象颇为深刻。这里有一座耶稣像，很多人前来祈求，墙上挂着的许多拐杖据说都是因神迹而恢复的人挂起来的。本无所求的三毛在此地也为几位腿脚不便和眼睛不好的朋友诚心祈求了一次，还为他们代求了十字架。在她看来，无论灵验与否，都是希望朋友们能够健康快乐！

如果灵魂真的有前生今世，那么一切的因果便有了解释吧，不然面对生死离别，又会有多少人看不开、放不下。三毛坚信她的前生是印第安人，她说她是在一个心湖边长大的，是一位药师的孙女，而最终因为难产在十九岁时死去了。很多人看到三毛都会问她是不是印第安人，这在三毛看来是如同恭维一般的话语了。对于厄瓜多尔这样的一个地方，唤起的便是难分难舍又带有前世记忆的情愫。

三毛决定去寻找那片心湖，在与同伴同行了许久后才找到，而那之后，她独自在村落里住了一周，让其余人先行离去。三毛住在一名印第安人的家中，女主人吉儿一见面便看上了三毛脖子上戴的一块银牌，想要和三毛换，而三毛以银牌、一些数目的钱以及帮做家务作为几日停留的交换，于是便顺理成章地在村落里住了下来。

心湖看起来仿佛是银子做成的一般，三毛也叫它银湖。每个夜晚她都会去湖边徘徊，甚至有一种想要在此了结的冲动。住了几日，三毛便与村中的人都相熟了，讲外面的事给他们听，还帮忙放羊以及煮饭。这里的人都很自然地把她当成了同类，以至于她要走的时候都不肯相信。吉儿的家人也从远处赶回来送别，而吉儿更是不肯收三毛用作交换的财物便含泪转身离开了。这片有着她前世记忆般的地方，三毛很是不舍，但是她也有今生的使命，不得不离开。

下一站印加，给三毛印象最深刻也最直接的便是高原反应，当地叫作"索诺奇"的一种病。住在脏乱差的旅馆加上高原反应，三毛简直难过极了，好不容易找到一家四星酒店，店主人又温和，才让这一切暂时平复下来。

印加之旅的另一件对三毛来说最重要的事，便是认识了一位叫作安妮的女孩子。她也是从外地来旅游的，三毛初见她时，她也正害着"索诺奇"，三毛对她一见如故，加之善良的天性，便照顾起她来。

最神奇的事不仅如此，安妮对三毛亦是如故，不仅完全信任三毛，更跟她探讨两人是否前世便相识，否则怎会那么熟悉。两个人不仅性格相近，就连喜好也是一样的，常常会不谋而合；安妮的悲痛被三毛看在了眼里，而三毛那似乎不露痕迹的伤也被安妮识破，但是直到分别，两人都没有互相过问过生平，甚至不知道对方的姓。

真正相似的灵魂便是如此吧，不问，不说，也能了解彼此的内心。安妮离去时的书信和鲜花在三毛看来也是多余了，因为像她们那样性情的人离去时什么都不说才是最好的做法，就算不说彼此也能理解。

印加旅途的最后目的地是马丘比丘，一座失落了的古城。在因为下雨而未成行前，三毛在广场偶然碰到有人在卖表演的票，便买了三张票。那是一场既精彩又悲伤的演出，观众席只有三毛和米夏两个人，而演出却没有中断地表演了下去。为了回报对观众的这份尊重，三毛和米夏拼了命地鼓掌，一次次喊着"BRAVO"（西班牙语中精彩的意思），让原本尴尬的气氛渐渐消散了，演员们最后还拉三毛上台与他们共舞。

舞蹈团的团长是个吹笛子的中年男性，为了梦想，甘于过着窘迫的生活，家人都在忍饥挨饿，他一心只为艺术，又不懂做生意，只是苦苦撑着舞蹈团。他知道三毛是懂他的人，还在最后将他创作的甚至没有名字的曲调专门吹给了三毛听，让三毛感动至极。三毛也因笛声中表达出的所有情怀而静默至说不出话来，一直到剧场只剩她一人。

这场夜戏结束后没几天，三毛便进入了马丘比丘，这是整个旅程的高潮，也是结束。

一路前往马丘比丘的火车上，三毛就察觉海水有异，在这座迷城里停留没多久，她便带着米夏匆忙离开了。果不其然，火车行驶没多久便因为海水上涨而停住；后来又勉强走了一小节，又因为前面路基完全被破坏而彻底停了下来。

旅行团的车在这个时候开过来接人，但是只许旅行团的人上车，三毛这些普通游客都只能在雨夜里等着。后来气不过的三毛协同一些人冲上了客车，到达印加首都（现在的库斯科）后又通知警察局派车去接人，才没有让事态发展到那么严重。那次事故中，马丘比丘失踪了六百多人，只有三十多人的尸骨被找到，万幸的是车站的游客都被接了回来。

中南美洲的长途旅行在这样惊险的事故中画上了句号，而踏往异乡的旅行也让三毛终生难忘。一个带有忧愁的女人行走在这样一片带有忧愁的土地上，是不是异客都没有关系了；在银湖与印第安人一起度过七日之后，三毛已经完成了她前世的乡愁，身份如何亦不重要了。对于三毛来说，这只不过是一场人生的修行罢了。

来生做春风

在三毛看来，旅行的目的是一场又一场无望的寻求，她没有办法填补心中那份欠缺的温暖和爱，更无法在其他任何一个地方找到安慰和慰藉，中南美洲的一路旅行，只是徒增了她心中那份忘不掉的牵绊和哀愁。

回到台湾后，各方盛情的邀约纷至沓来，虽然此时的三毛想清清静静地过日子，但仍然是不堪其扰。无数场座谈会、读者见面会总让三毛在结束后的空虚里偷偷哭泣，那份孤独的心情不能言表。

但是人生的另一场际遇却在她身上展开了，从中南美洲回来后，三毛接到台湾文化大学创办人张其昀先生在华冈大学的聘书，三毛的教学生涯便开始了。

三毛教的是中文系文艺创作组"小说研究"和"散文习作"

两门课。三毛刚开始抱着试一试的态度，但自称"只有五分钟热度，最多不超过十五天"的她，却在四个月后彻底爱上了这份职业，也包括学校里藏书极多的图书馆，当她知道可以随意看里面的书籍时，简直狂喜。她将全部的心血都放在了这些孩子们的身上，人也恢复了活力。

　　三毛是个做事很严谨的人，为了备课，常常几小时的课就要参看十几本书，而她的课也常常爆满，经常有旁听生来听课，而三毛一视同仁；旁听生要是也做她布置的作业，她一样批改得认认真真。

　　虽然喜欢那种只有几个、十几个人的导师制教学，但是现实情况却不容许，这也增加了她的精力消耗。为了能够了解每一个学生，三毛常常会和学生们进行"笔谈"，了解他们的兴趣和志向，对她来说，只要能够真正影响到其中的一个人并使他感到快乐，她所做的一切就是值得的。

　　和学生们在一起的三毛获得了一份充实，也收获了很多感动，其中有一件事让她最为难忘。三毛喜欢和学生们待在一起，学生们也喜欢赖在她身边。课间三毛没有走，拿出了一百多块花花绿绿的方块布和几十根针。学生们很惊奇，都拿着把玩起来，即使是在课堂上也有人继续缝着，还有人被针扎到。两堂课下来，两个教室的学生将这些碎布全部缝在了一起，有趣的是，男女生的针脚明显不一样。三毛把这块百衲布加工成了一块拼花被，学生们争抢着在被的反面写下了送给三毛的寄语。

三毛十分珍爱这床被子，总是盖在身上，外出旅行只要有条件都带着。朋友们说这是一块盖了身体都会好起来的被子，三毛叫它百福被。这份学生们对她真挚的爱总让她动容，她还说，要是有一天死了，一定要用这被子裹着下葬。学生们戏称为"马革裹尸"，三毛倒觉得这些孩子们还是懂她的。

在台湾有一个叫作清泉的地方，三毛拜访丁松青神父的时候，无意中发现了这座红瓦砖房，便念念不忘了。但是三毛也说过，再美的风景，如果没有人，那么也吸引不了她，她想要那座红瓦砖房，想在当地定居，也是因为那里的人打动了她。

清泉住的都是台湾的一些山地同胞，朴实真诚，到过几次之后，三毛就深深地爱上了这里。红瓦砖房被她称作小红屋，因为没人居住，三毛一直想着要把它改造成一个理想的住处，还因为丁神父也想要这个房子而一直忧心忡忡。但是三毛显然多虑了，后来，丁神父和村民将小红屋改造成了一座舒适的居所，让三毛到那里休养，可惜因为身体病弱的原因，三毛一直没有前去亲眼看到那座房子。

后来三毛将小红屋共享了出去，当作一种生命延续的方式，向大家说，若有想要去体验大自然的青年，便可以在她的房子里免费住上一晚，有心的话为当地的居民集齐一点儿钱买生活用品。她对清泉的爱，以及对相同志向青年的爱护与期盼，在此事上体现得淋漓尽致。

在1987年台湾当局准许居民回内陆探亲之际，三毛便迫不及待地加入了这一拨有着深深乡愁的大军队伍。虽然出生在战火中,离去时尚是一个不懂世事的小女孩儿,对故乡的记忆只有一大沓金圆券与金陵下不完的雨,但是让人觉得不可思议的是,这样一个人竟然会对故土有着那样深厚的爱,就连三毛父亲也不可置信地说到,很难想象三毛在这片土地上消失过那么久,她的女儿是越来越中国化了。

殊不知在三毛一生最爱的书中,全都是满满的中国文化,她对中国传统古典文化的那种热爱是少有人比得了的。因为一生热爱书本,等于一生在与灵魂中的故乡对话,不曾停歇。那么当有这样一个机会可以回到那片熟悉但又有距离的地方时,三毛自然是不会放过的。

尚未到达浙江老家,从香港出发到达上海的三毛先去看望了一位她自小就熟知、还有很深渊源,却从来没有见过面的人,他便是《三毛流浪记》《三毛从军记》的作者张乐平。张乐平先生间接地送给了三毛一个笔名,而面对自己的启蒙老师,三毛自然对张乐平先生又爱又敬重。尚未见面,两人已有书信交流,最后一封信,三毛告诉张乐平先生要去看他,还希望能够得到一件中山装。

到达之日,双方都像是久别的亲人一般。三毛开口便亲热地唤张乐平夫妇为爸爸妈妈。张乐平将三毛看作是第四个女儿,加上他的四男三女,以音符排下来,他亲切地将三毛称作他家中的"女高音"。三毛第一次见面给张乐平送上的是当时在台湾出版的极为热销的书《我的宝贝》，那是三毛带到大陆来的第一本她的书，这仅有的一本便送给了张乐平。

三毛在张家住了四天，却在短短的时间内与家里所有人都熟络而有了深厚感情，尤其张乐平的妻子对三毛很是喜爱。张乐平觉得三毛的性格还颇同他笔下的人物"三毛"相像："看她那乐观、倔强、好胜、豪爽、多情而又有正义感，有时又显出几分孩子气，这倒真有几分像我笔下的三毛。"分别时，三毛与张乐平夫妇紧紧拥抱，两位老人瞬间老泪纵横。

拜访过张乐平先生，三毛还去了在苏州当时并不知名的周庄。周庄有着大片的油菜花，那场景深深感动了三毛，甚至有一种归乡的感觉，她倒在油菜花地里大哭了一场，为她那无法向人言说的半生情怀。她常常说，怕在台湾被看作外省人而在大陆被说成是台湾人，只有作家白桦同她见面时说得好："我不讲欢迎，因为你本来就是这里的人；我也不说再见，因为你还会再来……"

三毛在浙江舟山家族的祠堂里正式祭祖，完成了她身份的一次回归。虽然祖父的墓已经不是原来的归处，因为地主身份，20世纪50年代清算时遗体还被曝晒过，这次当地亲戚知道三毛要来，便在当年大致的位置建了一座空坟。这一生眷恋那么多那么深，却仍有一个从未到过的"家"，让她如此动容。

三毛在路上，见到每一位上了年纪的妇女都上去拥抱，在她看来，这是唯一能够连接起她和过往时光的人了。身旁的人都难以理解，毕竟没有经历过沧海桑田似的心境变迁，也难以理解三毛心中那份对文化和故土如此认同与热爱的心情。

祭祖之后，三毛带回了爷爷坟前的一袋土，装上了家乡井里的一瓶水，回到台湾后郑重地交给了她的父亲。对三毛来说，这一生亏欠父母太多，作为女儿唯一能为他们做的便是如此了，这也是一种家族的传承，里面饱含着她对父母深切浓厚的爱。

在浙江，三毛还委托当时在大陆的代理人徐静波先生为她安排治病，把她的病历单全部寄给了他。当时一位著名的内科医生林抗生先生看完病历后，说三毛是百病皆有，还专门组织了杭州最有名的医生成立了一个专家小组为三毛会诊，但被三毛拒绝了。

经历过在美国与中国台湾最好医院治病的经历后，三毛便对西医失去了信心，于是找气功大师为她治病，还专门准备了一个气功室。徐静波先生先让气功大师在他身上试了一下，结果一点儿反应也没有，但是三毛自己却觉得有很大的反应。气功师告诉徐静波先生，三毛可能患有癌症，事实上当时的三毛的确患有淋巴癌，一直没治好。

在三毛回台后，忠实读者导演严浩多次央求，希望将《哭泣的骆驼》改编为电影，想要三毛把它改写成剧本。但是三毛没有改写，反而写了一部《滚滚红尘舞天涯》给他，也就是后来的《滚滚红尘》。这部电影上映后大受欢迎，秦汉、林青霞将这部架构在张爱玲与胡兰成之间的爱情的电影演绎得十分到位，其后包揽了金马奖的八个奖项，但遗憾的是没有最佳编剧奖。

三毛为着这部作品付出了很大的心血，在写作过程中不仅从楼梯上摔下来摔断了肋骨，还切掉了一个肺。在住院期间，她在病床上用了两个月的时间写好了剧本，还亲自参与拍摄过程，十分用心。但是成名后舆论也随之鹊起，有评论说她美化汉奸以及丑化国民政府，一时间流言四起，这也导致了她与编剧奖失之交臂。

剧本写作完成后，1990年，三毛再次回到大陆旅行，作为忙碌之后的放松与休养。这一次，三毛为自己制定了一个长长的旅游路线，称之为"到大陆的浪漫放逐"：从广州出发到西安、兰州、敦煌，再从乌鲁木齐出发到天山、喀什，转到成都后再飞往拉萨，然后在重庆做一个大转身再到武汉、上海、杭州。

这一次长途旅行，三毛第一次近距离感受到了祖国的美好河山，以往那些只能在书本中读到的地方如今能够亲自踏上去走一走了。在走了那么多国家之后，最终的她还是如此热爱祖国的这片土地。

在敦煌的经历让三毛记忆深刻。参观莫高窟时，借助一位在当地从事莫高窟研究的朋友的帮助，在众人散去后，三毛得以独自在里面待上一段时间。在这段时间里，三毛用手电筒看清那一幅幅精美绝伦的壁画，那些画面都仿佛是流转起来了一样，渐渐地，她的一生也似乎一幕幕放电影般呈现出来，最终流转到了她的身上。她吓坏了，关掉了手电筒，在黑暗中独自跪在佛像前祈祷着，感觉佛手从她头上温柔抚过。

三毛在佛像前恸哭着，感觉悟到了什么是"苦海无边"，还恳求菩萨让她做一个扫洞子的人，但是三毛收到的信息是，让她再去人世间走走。再次走出洞窟的三毛感到内心清亮，没有了那么多放不下心头的痛苦，反倒豁达了很多。

在鸣沙山，三毛对着朋友感慨道，要是有一天她死了，必要葬到这里来，在这个面对着佛壁洞窟的地方，在这个有着月牙泉相伴的地方，安安静静守着，已是她最好的归宿。

去到沙漠骑骆驼时，三毛结识了一位帮她牵骆驼的女孩，女孩热情地邀请她，到家中坐坐。女孩一家的真情厚谊和朴实情感打动了三毛，使得她都不再想离开这片与撒哈拉沙漠一般虽然苍凉寒冷但却生机勃勃的地方。敦煌，是她人生中的另一个撒哈拉。

乌鲁木齐，一个遥远的地方，三毛在这里见到的是那个写下了《在那遥远的地方》的人王洛宾。起初，三毛的专门拜访并没有引起王洛宾的特别在意，因为他尚未读过她的作品，直到有了了解和通信后，他也渐渐爱上了这个有着传奇一生的女子。对于这样一个投身西北民歌创作的艺术家和有着传奇经历的才子，三毛也怀有浪漫的幻想，更因为他额头的皱纹和风霜使得她心里再次受到触动。在王洛宾的一次爱的暗喻后，三毛收拾了一切来到了他的身边，想要再一次付出那颗心。

但是不属于她的，终究是不属于。王洛宾太忙碌于工作，甚至第一次见面时都安排了电视台记者过来拍摄，想为他的一个纪录片里增光加彩。他不知道三毛的心思，不懂得去珍惜，经常忽视她的感受，甚至在她生病时都不能在她身边照料，总是让她参与他纪录片的拍摄。对于这一切，三毛忍了又忍，终于在一个为他平常做着饭的时候爆发了出来。

她转身离开了。

很多东西只有失去时才会懂得珍惜吧，转身离开的背影终于让王洛宾醒悟了过来，但是一切都太迟了。以后他写了好多封悔过的信，却没再能打动三毛那颗已经醒悟到世事无常的心，为了让他死心，三毛甚至谎称她已经与一位英国人订婚了。失落的王洛宾为三毛写下了一首歌，一直弹唱到他离世——

你曾在橄榄树下

等待再等待

我却在遥远的地方

徘徊再徘徊

人生本是一场迷藏的梦

且莫对我责怪为把遗憾赎回来

我也去等待每当月圆时

对着那橄榄树独自膜拜

你永远不再来

我永远在等待

等待等待等待等待

越等待，我心中越爱！

殊不知，在这个滚滚红尘里，三毛已经完全看透了一切，不再执着于爱，因为曾经那个最爱的人已经离去，她也曾越等待越爱，却终究等不来。这一场期待，落空也属情理之中。

这一场人世中最后的旅行以及最后一场期待中的浪漫，终究留给三毛的只剩下哀伤。

归彼荒漠

一个坚强的灵魂，却要附和着一个孱弱的身躯，上天对三毛实在是有点不太公平。但是祸福相依，谁又能说三毛选择的路有什么对与错呢？

三毛的身体不是很好，几乎每一年都会有新的病症增加。从患胃痛开始，几乎情绪一激动就会胃绞痛，这是个多年都不曾被治愈的病症。在撒哈拉居住期间，由于当地气候恶劣且卫生条件极差，她患上了严重的妇科病，几乎一年间下体没有干净过。当时买不起回台湾的机票，在《撒哈拉的故事》出版后，拿到稿费的三毛才回台湾首次去看病。

看完病后，三毛被查出患上了不孕症。她与荷西结婚六年但没怀上孩子，起初是因为两人不想要孩子，但后来是三毛再无能力生育了。

三毛极爱旅行，但是身体有时成为拖累，导致旅途中各种艰辛。在中南美洲旅行时，她的高原反应严重，加上当地水源的问题，还曾患过肠炎等疾病；在大陆旅行时，有时一天要昏倒好几次，到拉萨之后更为严重，差点儿命殒高原。

除了妇科病，长期写作的她还患有严重的肩周炎，到后期根本无法再继续写字。因为母亲患有子宫癌多年，三毛也一直预料她会得相同的病。等到《滚滚红尘》获奖而独缺最佳编剧时，受到打击的三毛加上妇科病的再度发作，住入了台北荣民总医院接受治疗。那时的她断定自己得了不治之症。

那是1991年1月2日，三毛因子宫内膜肥厚影响荷尔蒙分泌而住进了医院。这不算是什么大病，只需要次日安排一场小手术便可治愈，以至于亲友觉得三毛不治之症的说法有些小题大做。

在带有独立卫浴的病房里，母亲一直陪着三毛，当天三毛告诉母亲，说她看到有带翅膀的小孩在她身边飞来飞去。这个幻想及想象力十分丰富的女儿总是会有异于常人的言论，母亲当时只是笑笑，并不予理会。第二日，手术如约进行，且进行得十分顺利，所有人都很为三毛高兴，觉得她不久就会恢复，一切便将如常了。

所有人都是如此的想法，但是三毛却高兴不起来。身体的病患解决了，但是心里面仍有那个不治之症，这是谁都无法帮她治愈的，她多么希望这一切都只是通过一场手术就能解决的，或者说，寄予癌症而结束她的一生。

手术结束后，三毛让父母先行回家，夜间不让值班人员去病房，以免影响她的睡眠。就在当晚，三毛给家中打了一个电话，跟母亲先是平静地说了她的病情，然后语气便急促起来，很多话母亲并不能完全听懂，只知道三毛在说："那些小孩又来了。"母亲并未把这一切放在心上，只想着天使应该就会守护女儿，没有在意。之后三毛还给一位密友眭澔平打了她这一生的最后一通电话，可惜由于他当时没有在家，没有接到这通电话，只留下了电话录音。

那是个永恒又悲伤的早晨，三毛被医院的清洁人员发现缢死在卫生间中。一条尼龙丝袜，一个挂点滴的横杆，三毛就那样吊死在马桶上。四个小时后法医赶到，对现场进行了检查与记录，最终判定为自杀。

这让人不禁想起三毛在墨西哥留下最深刻印象的"自杀神"，当时的她几乎为这个神着迷和异常感兴趣，她觉得这是一个对生命自由意志尊重的神，而如果真的是她选择自己结束生命的话，倒是正好与她对自杀神的兴趣契合。

关于三毛的死因一直有争论，有人认为三毛是自杀，但也有另一种说法认为是他杀。三毛姐姐说，三毛那么爱干净，是不能选择以睡衣示人的，而当时输液架也才只有一米六，而三毛的身高是一米六三，怎么说来都有他杀的嫌疑。但无论死因如何，逝者已去，世人也只能喧嚷着争论一些无关紧要的事罢了。

　　三毛的死，受到打击最大的是她的父母。这个陈家的二女儿，父母一直最宠她也最为她担心，如今白发人送黑发人，岂不伤感万分！当时同样身患癌症的母亲尤为伤感，她如同幼时将自己锁在小房间的三毛一般，把自己关在屋内，独自饮啜这份失去爱女的心痛。这段时间里，她写下了一篇《哭爱女三毛》。

　　文章里，三毛母亲写到，希望用基督教的仪式为女儿治丧，而仪式则希望由《联合报》来主持。《联合报》成就了女儿三毛，那么死后也由它来送三毛一程吧，风风光光的。她为女儿穿上了平常最喜欢的缀上黄玫瑰的衣服，葬礼并不铺张。三毛的遗体选用了火葬，骨灰安置在了阳明山第一公墓的灵塔上。

　　而三毛父亲，则将女儿生前精心布置过的家作为三毛的纪念馆，以此种方式来纪念女儿。

　　三毛的"另一对父母"张乐平夫妇，也在闻讯后悲伤不已。张乐平的妻子知道消息后怕老伴难以承受，几日后才告知，而张乐平闻讯后老泪纵横，痛哭不已，好些天都处在神情恍惚的状态。他们一家都将三毛当作了家人，过节时吃饭都为三毛留着一个座位，大儿媳为三毛准备了中山装，一直等待她回来试穿。

　　三毛逝世的消息迅速传遍了整个台湾及大陆，她的所有读者以及朋友们都为之落泪。知名人物如琼瑶、林青霞等都对三毛的死感到遗憾和难过，但另一种程度上也尊重她的选择。三毛在生前热爱清泉，几次想在那儿休养终老，而一直未能如愿，挚友丁松青神父在听到三毛死讯后连连叹息："每次她离开，总会忍不住落泪。上回她走的时候，曾戏称清泉是 RIVER OF NO RETURN（不归泉），含泪说她永远不回来了。也许她不适宜活在这个世界吧！现在她可以在九泉之下见到她挚爱的亡夫了。但愿她能得到她一生祈求的满足与快乐。"

好友倪匡这样说三毛："三毛没有子女，没有寄托，加以近日电影《滚滚红尘》有褒有贬，对她也产生不小的压力，才会酿成不幸。三毛的自杀，与肉身的病痛无关，最大的可能是来自心灵深处的空虚寂寞。三毛一直有自杀的倾向。三毛是一个戏剧性很强、悲剧性很浓的人物，三毛是因失去爱与被爱的力量才离开人世的。"

不论是褒或贬，这一切终究在三毛死后成了无足轻重的东西，流言与爱也带不回我们的三毛。

眭澔平是三毛的挚友，他在三毛死后用另外一种方式纪念着她。他踏上了一段旅程，继续着三毛没有走过的路，替她把剩下的路走完，也是在另一种程度上继续着三毛的生命。他为三毛写歌，也为她的离世而悲痛，并且选择了长久的纪念方式，一种带着对生命无限热爱的方式化解了那份悲伤。

一个固执地认为前世是印第安人的女人，一个今生不断在寻求灵魂家园的人，到底哪一个是她？宁愿相信灵魂不灭，宁愿相信还有来生，那么这个此生名为陈平，大家心中的三毛的她，便能再度回到我们身边了吧？抑或许，再也不愿意回来。那么她的目的地，灵魂的栖所，又会在哪里？

她的前世吗，今生寻找到的那个心湖的所在？撒哈拉吗，那个曾被认为永远都不会离开的荒野大漠？加纳利吗，那个安眠着爱人躯体的地方？敦煌吗，那个有着月牙泉、慈悲菩萨的西北荒漠？周庄吗，那个有着大片金黄灿烂油菜花的地方？清泉吗，那个有着她心爱小红屋的山区？

可是，心湖已经回去过一次了结了思念，一生一次足矣；旧属撒哈拉已经不复存在，何必牵念；加纳利埋下的不过是一副躯壳，荷西的灵魂不在那里；鸣沙山遥遥望着阳明山，死得其所；周庄已然身价上扬，回去无益；清泉的小红屋已被共享了出去，延续着她的生命。

三毛，她去了哪里？哦，还有最爱的《红楼梦》，还有一场白茫茫大雪。她离开了，她只是去寻找她最爱的那个人，去寻找那棵梦中的橄榄树，去寻找她渴望的家园罢了。她从虚无中来，最终也归向了虚无。这是她的选择，她会是无憾的吧？

后记

她是一场传奇,一个我们永远也无法企及的梦。

张爱玲是一场传奇,一个有关天才梦和乱世梦的传奇;而三毛则是另外一场传奇,一个有关爱的传奇。她们两人的经历虽然不同,但那份掩不住的才气和对爱的执着与痴迷却是共通的,让人印象深刻。

三毛的一生,说到底是一场爱的修行之旅。虽然幼时曾经一度患有抑郁症,一度狂躁不安,但那份初生的灵气却交予书本当中,沉淀在另外一个世界之内,直到生命被照亮、被打开后,这一切犹如活泉一般都涌现了出来,爱的种子立即萌芽,迅速成长着,并随着她的经历而愈加旺盛。

她说她的写作史便是她的爱情史,她的生活就是她所有的素材。因为是一个如此真实而真诚的人,她舍不得去虚构,舍不得去撒下一个谎言。若不是这一生曲折复杂的经历，若不是那一颗对人世极度热爱的心，也不会有一个我们熟知的三毛。

爱的伤痛被她一笔带过，更多的都是充满人情味的市井人情，那份对爱的执着与热爱永远贯穿其中。你知道她流泪，知道她寂寞，知道她那一份永远在寻找的心，但是你更知道她在人世间的骄傲，知道她的坚持和努力，知道她的爱和付出，这一切都是骗不了人的。一个没有心的人，不热爱生命的人，是永远不会懂得那些看似细微的动作和行为所代表的意义的。

三毛爱过，不止一次地爱过，她爱人，爱自然，也爱勃勃的生命，这一切都让她的心为之颤动，为之震撼，为之动容。真性情的人大多如此，你会叫她痴人，而她也的确是一个痴人，为着心中那不灭的热情，颠簸半生，最终突然离去。

艺术之美、文学之美，抵不过她感受到的生活之美。她那么热切地感受着周遭的世界，用全部的真心对待和付出着，同样也收到了热烈的反馈。那么多人爱她，怎么会是一件巧合的事？

回顾三毛的这一生，出生在战火之际，幼年随父母颠沛流离，辗转几回他乡；几度爱书成痴，几回作茧自缚，却仍葆有一颗丰富多情的心；转折之后的人生仿若一段传奇，游走在国外的山山水水间，身为异客却在他乡傲然似一位东方公主，更结情缘于大漠荒烟之中，爱没有轰轰烈烈却精彩得羡煞世人；战火烽烟、生死一线，每次惊险而过却谈笑间风轻云淡，仍旧是那个因爱而痴的人；她的痛让所有人都为之痛，她的爱让所有人都为之爱，牵引起情绪的是文字后面那颗真诚的赤子之心；看破红尘大梦一场，连离去的方式也是那样特别。

三毛，是流落在山水间的一片孤单的灵魂，她那么迫切地找寻另外一半灵魂，得而复失，才知这一生的使命只是为了体验这一场无常的旅程。

传奇，注定只是一段只供观摩叹赏的谈资，而永远无法企及的则是那个人人都会做、都会想却不愿去行动的梦。脚踩大地，有人愿意行走，有人选择停留，有人悲喜着收获，有人淡然着等待，而三毛毅然决然跟随着心的指引前行，带着所有人都会梦的梦，做了一场无人敢想的旅行。

她，注定是一个无法企及的梦。